议事规则导引

公司治理的操作型基石

孙涤　郑荣清　著

（第二版）

格致出版社　上海人民出版社

作者简介

孙　涤

经济硕士和管理博士；加州州立大学（长堤）商学院教授，北京大学等多个院校的兼任教授；担任美国华裔教授学者协会会长，曾任中国建设银行总行投资银行部总经理、深圳发展银行首席信息官、留美中国经济学会会长等职，美国富布莱特研究学者。有近二十本中文书在国内刊行，并在报刊和网络上辟有专栏传播现代管理的理念和实践。

郑荣清

经济信息管理学士（中国金融学院）、金融学硕士（英国伦敦商学院）；阿里巴巴集团资深总监，先后负责集团战略部、阿里妈妈事业部的业务发展和战略规划等相关工作；曾任职于中国建设银行总行和麦肯锡（北京）公司。

[导言]
通过有效的议事程序
来实现公司治理的民主制衡

一

开放和市场化以来,理性和制衡得到了广泛传播,几乎成了我们社会生活的日常用语。但如何使人们在一贯自利追求(即理性)的同时,始终以他人的理性行为为其限度(即制衡),却是一个操作上的难题。诸多乱象和困局,都是两者之间的界定不明、冲突无法在实践中平衡的表现。惟有相辅相成地处理好理性追求和有效制衡两股力量,小自家庭大到国际的各种事务才能得到有效处理,并持久成长。

市场经济制度是人类发明的最精巧的工具。熙来攘往的逐利行为,怎么才能有序地展开和持续扩张？作为市场交易的基础，信守合约的规则可以追溯到希腊和罗马的法规，更远一些，乃传承于公元前 14 世纪逃出埃及之后摩西代表犹太先民与上帝订立的"约法"，甚至远溯至公元前 18 世纪的汉谟拉比法典。问题是，这些先进文化的庄严法典和贤达圣哲的堂皇经典，怎样才能落实到我们彼此规范的操作细节上？

　　笔者 1981 年底留美，未曾感到过什么"文化冲突"，令我惊奇的，倒是彼地彼俗的安排为什么能够如此不别扭。我发觉美国校园里形形色色的自发社团，没有人在领导、指导、辅导、督导，却可以办得有声有色和中规中矩。1988 年我拿了博士在美执教，开始参加更为正式的各类会议，体会到会议的形式尽管有简有繁，但其程序的本意却是高度一致的。1995 年提为正教授后我有机会参加全校事务的制定，更认识到逻辑严谨且能有效制衡的议事规则不可能直接出自"上帝之手"。1996 年我当选为全校的学术研究委员会主席，此职的重要性在于能分配大学的研究经费：评判谁有能力和资格得到当年度的科研经费。委员会成员都是资深教授，要在他们之中组织会议来评议敏感题目自然是压力不小。一时间我对自己的心虚气短颇感烦虑，几乎萌生让贤之心。幸好承副校长指点，她赐以《罗伯特议事规则简本》一册，并安慰我说，这本小册子包含了主持会议讨论的一切需要。她自己还把小书揣在手袋里，吃不准的时候常拿出来请教呢。1997 年我担任信息管理系主任，主持会议更是经常得益于这本小册子。1999 年我开始返国服务，对议事规则的重要性有了进一步的认识，体会到若是大家都能认同一套明白自洽的议事规则，遵从它并据以操作，将能带来莫大的效率。各类集体性的决策，小自小学班会，大到国民大会，无不更能富有成效。

二

2002 年我受邀参加盖茨先生在西雅图主持的"微软高峰会议"，随后抽空游玩了附近的圣璜群岛。其地处美加边境，纬度虽高，雨量却极为充沛，因此形成罕见的温带雨林，景观迷蒙，苍翠欲滴，令人忘返。在漫步一个大草坪时，我蓦然看到一块倾颓的纪念碑，上面镌刻有罗伯特（Henry Martyn Robert，1837—1923)的名字,记载着历史上的一件趣事。美国和加拿大(当时在宗主国英国治下)的居民为一只猪产生争执,几乎引发成两国之间的战争,世称 Pig War 的冷战(1859—1872),最终由德国的威廉一世调停而得以化解。其间双方曾遣军相互对峙一年多,在剑拔弩张的时期,罗伯特刚从西点军校工程兵种毕业不久,以见习军官驻扎于此地。由于表现卓越,罗伯特最终升任为陆军后勤总监,官拜准将,是工程兵所能达到的最高军阶。他可能是少数不曾亲手杀过人也没有计划杀人的美国名将之一,永垂史册的彪炳贡献就是我们这里推介的"议事规则"。

罗伯特自称,痛感于 25 岁那年他主持的一次会议的失败,觉得议事能否有成效,对公共事务实在太重要了,必须要有规则可依。1876 年他 39 岁时初版了《议事规则》。该书意义深远,并且立即为人们所认识,影响迅速扩大,被广泛接受成为各类会议的议事准则。《议事规则》同年就有了第二版;罗伯特于 1915年订立了第四版,内容大为扩充和完善。由于他的独特贡献,书的名字也早就被公认为《罗氏议事规则》(Robert's Rules of Order)了。

　　议事规则最初是应英美等代议制国家的议会需要而产生的,议会法规对议事所做的规定不厌其详,繁复程度令大众望而生畏,因而限制了议事规则在民间的广泛运用。罗伯特订立的议事规则简单实用,很快成了议事领域的准则。从理念到实践,罗氏议事规则早已深深地根植到了全世界人类团体各类各种会议的议事程序之中。当今的世界受惠于罗伯特先生甚厚,无论是公共领域中的联合国大会、欧盟议会、美国国会的议事程序,还是私人领域里如上市公司、合伙小店、兴趣团体、学校班会等的议事章程,无不以罗伯特总结的议事规则为依据和蓝本。而议事规则也成了一门专门的学问,无论在欧、美、亚洲,造就了许多议事规则学的专家和专业协会(e.g., parliamentary law, code, procedure; parliamentarians, etc.)。

　　我个人得益于罗伯特良多。自认读了不少书,从鸿篇巨制到野史轶闻,纷纷杂杂,恐怕真正用得上,给我直截了当的效果的,《罗伯特的议事规则》应当算是一本。

罗师的纪念碑在前,我抱着感恩的心情,向他默默许了一个愿,要编撰一本小册子,将他所定议事规则的要义传递到中国,让国人一起共享。在合作者郑荣清的共同努力下,小书稿成于 2003 年。它给我的工作,特别是 2004—2005 年在参加建设银行的重组上市,主持制定整个银行的章程和实施细则一套十五件和拟定公司治理结构时,带来了很多、甚至建设性的帮助。假如说我当时的意见能够更完整自洽、更脉络流畅、更简洁易懂、而更富于平衡制约的民主底蕴的话,诚罗师之赐也。

三

相对来说,国人对民主的理解往往皮相,常以为一个人的民主精神是指他/她能尊重别人,能耐心倾听他人的意见,能适度的实事求是,能不刚愎专断,能和颜悦色,等等。个人的教养或许有助于民主程序的操练,然而与民主的真意及其运作法则基本上却是两码事。从格致诚正到修齐治平,路途何其修远而漫长,绝非"内圣"即可"外王"的。

人们常说，"魔鬼是藏在细节里的"，其实，天使又何尝能脱离细节而存在呢？民主作为一种价值观，要靠一套细则来落实，其操作的本质在于要规范"三个魔鬼的跳舞"。设若人是天使，不论一个还是一万个，跳什么舞，都不需要约束；假使魔鬼只有一个，譬如荒岛上的鲁滨逊，也无所谓约束，没有其他人来约束他。他甚至大可自以为是天使，又有哪个魔鬼在内心不认为自己是天使的呢？假如魔鬼是两个，玩的则是"零和游戏"：谁的胳膊粗，拳头大，脑瓜灵，迟早会把对方给吃掉，即使有规则也不可能持久。然而有了三个，或更多的魔鬼，议事规则就变得重要甚至必要。怎样博弈，使自己的主张和利益得到贯彻？怎样结盟，从分分合合中争取多数？怎样规制，通过文明的程序达到公正？等等。于是开会、商讨、劝说、谈判，无一不需要有正式或简化的议事规则方能展开。

如果说自利追求乃人皆有之，对它就无所谓褒贬，我们只能以"此本人性也"来接受。因此，我们或许应该说，民主是"三只猴子的舞蹈"。"民主制度"何以更合理、更有效、更能持久？我想，其理由是造物主赋予了绝大多数的人以"猴性"——好逸恶劳、孜孜为利、偏爱捷径、而且鬼点子乱多,而非"牛性"——任劳任怨、逆来顺受、甘愿吃草、即使被挤光奶也不抱怨。所幸的是,造物主在赋予人类以"猴性"的同时,也恩赐给我们"猴脑",从而能设计出点子来自我约束猴性。就此意义而言,罗伯特有一粒充满智慧的猴脑,和通常的阔言高论不同,他总结出来的"议事规则"能够操作,能够使群猴的游戏"持续地扩展"。

四

会议是人类所特有的群体协调的途径,采用协商型会议(如营利企业的董事会,或非营利社团的代表会)作为议事和决策的手段,更是人类文明的一大进步。人们为了解决共同问题开会议事,沟通交流、增进了解、集思广益、融合观点、消解矛盾、做成选择,必要时以投票的方式让多数人的意志变为指导行动的决议,则更是高级文明形态(如健全的公司治理)的枢纽机制。

人类的会议制度是一种精巧的安排,欲使它充分发挥效用,必须有适当的机制来平衡和协调群体与个人之间的权责关系。然而,只有在一定的规范和程序下,会议才能真正起到拓宽言路、集智广益、凝聚共识的功用,才能产生多数裁定、保护少数的民主原则的实效。会议作为工具,运用不当的话,效果会适得其反。我们经常遇到一些低劣无效的会议,内容空泛、徒具形式,意见或者饱受压抑、遭到扭曲,或者各说各话、缺乏真实交流,成为误事的根源和众人批评的焦点。或多或少的,大家都曾有过不良会议的痛苦经验,比如:

• 你是否主持过多次会议,到头来却发觉很少能听到真正有建设性的意见?

• 你是否知道会议正确的程序理应如何? 作为组织者,你能否对会议驾驭自如?

• 参加一个会议,你是否知道自己应有的权利? 你是否在会上一言难发,却对会议的结果十分失望,而徒呼无奈?

• 作为企业领导,你知道应该怎样开会、如何做成决定、设置哪些岗位和机构吗?

先进实践经过几个世纪的摸索,已经建立起一种通行的会议机制，来达到制约和平衡，这就是本书旨在推介的"议事规则"。对于议事规则的重要性，孙中山先生曾予以高度评价。他在1917年手定了一本《民权初步》，教人如何开会。中山先生在自序中说："夫议事之学，西人童而习之，至中学程度，则已成为第二之天性矣……然中国人受集会之厉禁，数百年于兹，合群之天性殆失；是以集会之原则，集会之条理，集会之习惯，集会之经验，皆阙然无有。一盘散沙之民众，忽而登彼于民国主人之位，宜乎其手足无措，不知所以！所谓集会，则乌合而已！"孙中山的"议事之学"所依据的，就是罗伯特的《议事规则》。

中山先生推介《议事规则》道："譬之兵家之操典，化学之公式，非浏览诵读之书，乃习练演试之书也。若以浏览诵读而治此书，则必味如嚼蜡，终无所得。若以习练演试而治此书，则将如啖蔗，渐入佳境。一旦贯通，则会议之妙用，可全然领略矣。"他在一百年前就非常乐观地期待说："苟人人熟习此书，则人心自结，民力自固。如是，以我四万万众优秀文明之民族，而握有世界最良美之土地、最博大之富源，若一心一德，以图富强，吾决十年之后，必能驾欧美而上之也。四万万同胞，行哉勉之！"

惜乎这个"民权操作基础"，在上世纪初即为中山先生所痛感国民严重缺失的，一直未能得到应有的重视、推广和实践，而民众即便居主人之位，"手足无措，不知所以"，乱象频仍迭出，一至于今！

五

议事规则是建立在人们的常识和逻辑的基础之上的。它旨在设定全体认可的框架，使会议能够以高效、民主的方式来处理事务。掌握了议事规则的原理，我们就可以根据组织的需要进行调适，既不过分拘泥于形式而导致效率低下，也不过分随意而损害会议的规范原则。一般来说，恪守议事规则的程度与成员的人数、意见分歧的程度正相关。团体规模越大，利益和意见越是分歧，会议就越需要遵循正式的规则。

在编写这本小册子时，我们以尽量简化和易懂的方式来介绍被普遍采用、卓有成效的议事规则，期望有识之士能取其精华，运用于大小团体特别是企业的会议实践中，使我们的议事也能够以民主公义的方式，更加合理、更加有效、更加顺畅运行。

通过这本导引，我们希望介绍议事规则的一些入门知识，启发读者建立起适用于自己所在组织的议事规则，使会议的行为有章法可循、有规范可依。议事知识是指导实践的学问，也只能在实践中消化、吸收和升华。要成为议事规则方面的行家里手，熟练驾驭会议，体现有效决策的正当程序，提高议事效果和效率，还需要长期在实践中不断总结、调整和提升。

在普及议事规则的基础性工作时，作者有幸结识了袁天鹏先生。他在留美期间以及此后的创业活动中，深切体会到博弈规则的重要，也由此追溯到罗氏议事规则，体认到议事规则是人类社会各种群体活动的操作基石。袁天鹏剑及履及，放弃了其他机会，倾心深入钻研罗氏议事规则，把它全面系统地介绍到国内。《罗伯特议事规则》，原书 700 页，译成中文六十余万字，已于 2008 年初由格致出版社、上海人民出版社出版。此后再版重印，广泛推进了这部全球议事规则

"法典"的传播。过去两年来,袁天鹏与笔者依据《罗伯特议事规则》的最新版(第十一版,2011年问世),大幅增订了新版的中译本。同时我们还再鼓余勇,完成了《罗伯特议事规则》最新的第十一版的简明版的中译工作。这两本书都将同时出版。有了《罗伯特议事规则》的权威中文译本作为我们查证和解惑的议事工具,将为我国的各行各业建立和普及议事规范,提升工作效率、增进和谐制衡,带来莫大的便利。

孙涤,2006年;重订于2015年初春

附:《民权初步》序

中华民族,世界之至大者也,亦世界之至优者也。中华土地,世界之至广者也,亦世界之至富者也。然而以此至大至优之民族,据至广至富之土地,会此世运进化之时、人文发达之际,犹未能先我东邻而改造一富强之国家者,其故何也?人心涣散,民力不凝结也。

中国四万万之众，等于一盘散沙，此岂天生而然耶？实异族之专制有以致之也。在满清之世，集会有禁，文字成狱，偶语弃市，是人民之集会自由、出版自由、思想自由，皆已削夺净尽，至二百六十余年之久。种族不至灭绝亦云幸矣，岂复能期其人心固结、群力发扬耶！

乃天不弃此优秀众大之民族。其始也，得欧风美雨之吹沐。其继也，得东邻维新之唤起。其终也，得革命风潮之震荡。遂一举而推覆异族之专制，光复祖宗之故业，又能循世界进化之潮流，而创立中华民国。无如国体初建，民权未张，是以野心家竟欲覆民政而复帝制，民国五年已变洪宪元年矣！所幸革命之元气未消，新旧两派皆争相反对帝制自为者，而民国乃得中兴。今后民国前途之安危若何，则全视民权之发达如何耳。

何为民国？美国总统林肯氏有言曰："民之所有，民之所治，民之所享。"此之谓民国也。何谓民权？即近来瑞士国所行之制：民有选举官吏之权，民有罢免官吏之权，民有创制法案之权，民有复决法案之权，此之谓四大民权也。必具有此四大民权,方得谓为纯粹之民国也。革命党之誓约曰:"恢复中华,创立民国"。盖欲以此世界至大至优之民族,而造一世界至进步、至庄严、至富强、至安乐之国家,而为民所有、为民所治、为民所享者也。

今民国之名已定矣。名正则言顺,言顺则事成,而革命之功,亦以之而毕矣。此后顾名思义,循名课实,以完成革命志士之志,而造成一纯粹民国者,则国民之责也。盖国民为一国之主,为统治权之所出。而实行其权者,则发端于选举代议士。倘能按部就班,以渐而进,由幼稚而强壮,民权发达,则纯粹之民国可指日而待也。

民权何由而发达?则从固结人心、纠合群力始。而欲固结人心、纠合群力,又非从集会不为功。是集会者,实为民权发达之第一步。然中国人受集会之厉禁,数百年于兹,合群之天性殆失,是以集会之原则,集会之条理,集会之习惯,集会之经验,皆阙然无有。以一盘散沙之民众,忽而登彼于民国主人之位,宜乎其手足无措,不知所从;所谓集会,则乌合而已。是中国之国民,今日实未能行民权之第一步也。

然则何为而可?吾知野心家必曰:非帝政不可。曲学者必曰:非专制不可。不知国犹人也,人之初生,不能一日而举步,而国之初造,岂能一时而突飞?孩提之学步也,必有保姆教之,今国民之学步,亦当如是。此《民权初步》一书之所由作,而以教国民行民权之第一步也。

自西学之东来也,玄妙如宗教、哲学,奥衍如天、算、理、化,资治如政治、经济,实用如农、工、商、兵,博雅如历史、文艺,无不各有专书,而独于浅近需要之议学,则尚阙如,诚为吾国人群社会之一大缺憾也。夫议事之学,西人童而习之,至中学程度,则已成为第二之天性矣,所以西人合群团体之力,常超吾人之上也。

西国议学之书,不知其几千百家也,而其流行常见者,亦不下百数十种,然皆陈陈相因,大同小异。此书所取材者,不过数种,而尤以沙德氏之书为最多,以其显浅易明,便于初学,而适于吾国人也。此书条分缕析,应有尽有,已全括议学之妙用矣。自合议制度始于英国，而流布于欧美各国，以至于今，数百年来之经验习惯，可于此书一朝而得之矣。

此书譬之兵家之操典，化学之公式，非浏览诵读之书，乃习练演试之书也。若以浏览诵读而治此书，则必味如嚼蜡，终无所得。若以习练演试而治此书，则将如啖蔗，渐入佳境。一旦贯通，则会议之妙用，可全然领略矣。

凡欲负国民之责任者，不可不习此书。凡欲固结吾国之人心，纠合吾国之民力者，不可不熟习此书，而遍传之于国人，使成为一普通之常识。家族也、社会也、学堂也、农团也、工党也、商会也、公司也、国会也、省会也、县会也、国务会议也、军事会议也，皆当以此为法则。

此书为教吾国人行民权第一步之方法也。倘此第一步能行，行之能稳，则逐步前进，民权之发达必有登峰造极之一日。语曰："行远自迩，登高自卑。"吾国人既知民权为人类进化之极则，……，而定之以为制度矣，则行第一步之功夫，万不可忽略也。苟人人熟习此书，则人心自结，民力自固。如是，以我四万万众优秀文明之民族,而握有世界最良美之土地、最博大之富源,若一心一德,以图富强,吾决十年之后,必能驾欧美而上之也。四万万同胞,行哉勉之!

　　　　民国六年二月二十一日　孙文序于上海

[目 录]

[第一章]

议事规则综述

1.1　什么是议事规则

　　我们这里谈到的会议规则又称议事规则，是为了方便组织进行决策而演化出来的规则的总称。议事规则最早应用于议会。议会对于公正和高效的运作有重大意义，需要对各方权利加以制约与平衡，既使大多数人的意志得以贯彻，又不致淹没少数群体的诉求，逐渐演化，精炼出关于议事的种种规则。

　　1876 年，美国一位的陆军工程师亨利·罗伯特，热心公益，编纂了一本专门针对非立法机构的会议规则的小册子。这本名为"罗氏议事规则"的小册子一问世就大获成功。按照罗伯特的说法，他的议事规则手册"大的原则是基于议会的规则和经验，在细节上做了必要的修改,以适合一般社团的需要"。有了这本小册子的指导,各类组织从此不再为会议的规则问题而头疼了。由于罗伯特规则的广泛应用,当今世界的各类现代组织的会议规则框架,事实上都是高度类似的。

1.2　议事规则的适用范围

顾名思义,议事规则适用于议事型会议,议事型会议是各类社团组织做选择、定决策的主要方式。这类会议常有多人参加,在遵循一定规则的前提下,对具体问题经过自由和充分的讨论,得出妥善的解决方案。尽管应用广泛,这类会议的目的不外乎两种:一、寻求多数意见并以整个会议的名义作出行动的决议。这类会议在立法机构、行政机关、各类社团,以及企业组织里很常见,典型的有议会、全体成员大会和代表会议、企业的股东大会和董事会,等等;二、集思广益、充分讨论,进而提供建议促成决策,如各种委员会会议。

在实践中,议事规则广泛适用于包括各类团体,商业、文化、宗教、专业、教育、服务、科学、军事、行政,等等赢利性的或非盈利性的公众组织。

1.3 议事规则的目的

议事型会议在人类社会生活中既然占据着极重要的地位,人们有必要建立一些规则来确保会议的成效。议事规则就是用来保障会议的文明、高效和民主,使组织成员能以最为适当、最少争端的方式进行讨论和采取行动。

会议规范乃建立在常识和逻辑的基础上,其着眼点在于保障:

1. 多数的裁决权

会议的目的在于寻求多数意见而形成决议。民主的本意实在于此,所以会议规范的第一要义,是保障大多数的意见能切实得到反映并执行。

2. 少数的表达权

在保障多数人的裁决权的同时,不能把少数人的意见和利益弃之不顾。少数的意见虽不足成为决议,仍然有权表达自己的意愿,使得与会者听到他们的声音,充分考虑他们的提议。多数人暴力并非危言耸听,而是对团体的正当和效果实实在在的威胁。因此,保障少数的应有权利是会议文明的一个重要标志。

3. 成员个体的权利

组织是成员个体的有机构成。只有在成员个体的各项权利得到保护的前提下,会议才有可能收到集思广益和反映真实民意的效果。因此,切不可以组织的名义任意剥夺个体的权利,对任何成员个体进行人身攻击的行为尤其不可容忍。

由上可知,会议的规范必须建立在组织的整体、子团体、成员个体的权利取得谨慎的平衡这一原则的基础上。

同时,就议事的效率而言,会议规范应该用来促进而非阻碍决策的过程。会议规范本身不是目的,其目的在于促进事务处理,增进共识及和谐。建设性的规范使人们更容易有效地合作,从而帮助组织及其成员达成目标。

最后,会议规范对全体应该是透明的,有了对会议规范的共识,会众就不会对会议中的规则问题产生

太多疑虑和争议。即便有争端出现，也容易依据规范
得到解决。对于涉及发言、动议、讨论、表决、选举等
诸多程序，适度的规范无疑有助于提高效率，确保会
议平稳进行而收到实效。会议规范不应该使那些不
熟悉这些程序的人感到不安和困惑。技术性的规则
应该只用来保证合规、加速事务处理、避免混乱、保护
成员权利，规则实施的程度，不应超出这一限度。

1.4　议事规则的基本原则

　　前文已经强调，通过会议来处理事务的逻辑实质
是：以动议、报告或传达讯息的方式将事务或问题提
交给会众，通过辩论使各方面的意见得以充分表达，
然后以表决的方式来体现大多数成员的意愿。

　　让我们先来介绍会议规范的一些基本原则。这
些原则看似平淡，似乎是不言自明的常识，却为会议
规范乃至整个民主体制的基石。由于会议规范中的
规定大多由这些基本原则推演而来，深入了解这些基
本原则，就容易掌握会议规范。对这些原则的精神领

会得越透彻,对会议规范的细节和技术性的规定就越能融会贯通。

1. 组织的权利先于个体的权利

组织有权制定全体成员必须遵守的规则。在成员的权利与组织的权利发生冲突时,组织的权利优先。

如下例所示:

一次会议正在讨论某项动议。王女士经主持人准许得到发言权,正在陈述她对该项动议的支持意见。这时,不赞成动议内容的李先生与王女士争执起来。主持人要求成员遵守会议秩序。李声称作为成员他有发言的"权利"。主持人冷静地指出,组织有权以有秩序的方式处理事务,这一权利高于成员个人的发言权,并且告诉李先生,组织有权驱逐任何妨碍组织行使这一权利的成员。

2. 所有的成员都是平等的主体,平等享有权利并承担义务

会议的决定权力归属组织成员所有。成员们平

等地享有权利及承担义务,每位成员都平等地享有参加会议、提出动议、在辩论中发言、提问、提名候选人、参加表决和被选举等权利,同时负有遵守议事规则、维护会场秩序、服从会议决定和保密等义务。

如下例所示:

李先生认为他有权就某项动议提出其反对意见。但要在辩论中发言,李必须首先取得主持人的同意,由主持人将发言权分派给他后方能发言。因为李与他人的发言权平等,所以不能以自己有发言权为理由打断别人的发言。主持人分派发言权的方式,正是保障所有人平等发言权的制约机制。

3. 必须达到法定人数才能处理事务

法定人数是合法处理事务必须出席的最少人数。其人数往往在组织的章程中加以明文规定。在委员会会议或小型会议,法定人数通常为过半数。法定人数的目的,在于防止一个不具有代表性的子团体以组织的名义采取措施。

如下例所示：

社区家庭协会的一次会议已进行了很长时间。由于天色已晚，许多成员陆续离开了会场。这时有人提议"在社区的公园内修建一个游乐场"。一位细心的成员发现在场的人只剩下那些有孩子的年轻夫妇，他要求主持人确认符合法定人数的要求（主持人也可以主动采取这项措施）。经清点，现场不够法定人数，因此协会不能就这一问题采取措施。

4. 多数人决策

组织的最终权威体现在其成员的多数上，这是民主议事的一个基本观念。议事型会议的首要目标是发现多数的意愿，并保证其得到贯彻。实际上，成为一个组织的成员就意味着这位成员同意遵从多数人裁定这个规则。少数人有权表达意见，但是，一旦在场成员的大多数通过投票做出一项决定，少数人就必须服从此决定。

如下例所示：

大多数人投票决定将修建游乐场的动案推迟到下次会议上讨论。王女士因为下次会议她无法出席而提出反对。主持人裁定她的反对无效,提醒她多数成员已经投票要求延迟讨论。

5. 沉默代表同意

不投票或弃权票意味着跟随多数人的决定。

如下例所示:

主持人任命了一个七人特别委员会来为游乐场推荐一位设计师。五位成员参加会议,达到了法定人数。委员会把挑选范围缩小到两位设计师,其中一位是委员会主持人的内兄。他的提名在先。投票中两位成员弃权,主持人和另一位成员投了这位内兄的票,剩下的一名成员投了反对票。(注:委员会主持人通常能积极参与辩论和投票。)由于弃权不计,这位内兄在委员会得到的票数过半,得以通过。由此,七人委员会中的两人就可以做成选择了。

6. 三分之二规则

在限制或者取消组织成员应有的权利，或者改变组织业已确定的规则时，必须达到三分之二的票数，以确保慎重。

如下例所示：

关于某动议的辩论已经进行了一个钟头，仍在继续中。一位成员动议立即付诸表决，并得到了另一位成员的附议。主持人解释，表决动议眼下不可辩论，因为接受这项动议就意味着中断当前的讨论，而通过这项动议实际上等于剥夺了成员辩论的权利。因此，这项表决动议需要三分之二的赞成票才可通过。

7. 会议主持人是裁判员

会议主持人是裁判员和议事规则的执法者。

（1）会议主持人是议事规则的权威。主持人执法必须公平、公正，不偏袒任何一方。通过分派发言权使不同的意见有表达的机会，并按程序运转会议，保障会议高效、民主地处理事务。

（2）会议主持人的权力受到以下制约：

① 会议主持人不能任意改变议程，否则成员可以提出规则问题（见后文），质疑主持人的决定；

② 对于主持人的裁定，成员有权提出申诉，而将裁定权交给会众；

③ 在表决使用举手方式进行的情况下，成员如怀疑表决结果的真实性，可以要求分立重新表决。

8. 任一时刻会议只能考虑一个问题，且只能有一人发言

当前的待决动议在讨论中时，提出与它不直接相关的动议属于不合规。一旦一位成员经主持人准许已取得发言权，其他成员不得打断他（注：优先动议除外）。

如下例所示：

在协会的会议上，有人动议举办救灾募捐并得到了附议，这一动议因而被接受为直接待决动议而正在讨论。这时张先生提出在原动议中增加"并举行晚会"。主持人裁定此修正案无效，并解释说这一修改意见与晚宴的问题没有直接关系。对于张打断了别人的发言,主持人则有必要严肃提醒他,在发言前需要先取得主持人的同意,目前是另一位成员的发言时间。

9. 可辩论的动议必须进行足够充分的辩论

如果某项动议是可辩论的,每位成员都有权对其进行充分自由的辩论。在遵守规则的前提下,会议中的每位成员都有权在不被打断、不受干扰的前提下自由发言。只要成员们有意愿继续进行辩论,主持人就不应终止辩论而迳将此动议付诸表决。"立刻表决"的动议必须经现场成员三分之二同意方可实行。

如下例所示:

有人动议在公园内修建游乐场,并且立即得到了附议。主持人陈述了这一动议后,随即请大家表决。一位成员站起来,提出规则问题,解释说这一动议是可辩论的,理应得到充分讨论,在没有讨论的情况下直接付诸表决是违反规则的。

10. 一旦某个问题已在会议上做出了决定，在同次会议上再提出相同或者类似的问题则属不合规

这样的动议应该被裁定为不合规。不过，有一类专门的动议可以使已经做出决定的动议得到组织的重新考虑，这类动议称为恢复性动议。（见下文）

如下例所示：

某协会已经决定将为游乐场选址确定设计师的任务交给一个七人委员会来完成。此时，胡女士动议"聘请某公司的吴博士担任设计师。"主持人裁定这项动议不合规，因为对该事项的处理已经有决定了。

11. 人身攻击是违背规则的

主持人必须将所有的人身攻击性质的评论裁定为不合规。辩论的对象应该是动议本身而不是动议人的动机、原则或人格。

如下例所示：

王某动议在社区修建一个健身房。李某站起来

说:"王某整天游手好闲、不务正业,他干嘛不自己买健身设备?"主持人立即裁定评论不合规,指出辩论的内容应该集中于动议本身,任何成员不能攻击或者质疑其他成员的人格和动机。

12. 知情权

每位成员都有权了解议题的内容及其作用。会议主持人在任何时刻都应该使会众清楚了解当前动议的内容,并在必要时向会众解释议题,或者请其他成员做出解释。为了能够做出明智的选择,会众有权就任何动议索取相关信息。

13. 公正无欺

所有会议都应该公正无欺。阴谋诡计、投机取巧、拖沓懈怠、人身攻击和敷衍了事都有损于会议公正无欺的原则。

议事策略是门艺术,以合法利用议事原则、规则和动议来支持或者挫败一项动议。它包括了如时机、动议措辞、支持方式、辩论方式、以及其他的动议来处理问题。合情合理地使用议事策略是建设性的行为,但若策略被用来欺骗、误导、恫吓、搪塞或者损害成员的权利,这样的行为就是破坏性的。对不公和欺骗行为的容忍将使组织的利益受到损害,甚至威胁它的生存。

第二章

如何运转会议

如第一章所介绍的,会议主持人负责维持会议秩序,这一角色类似体育赛事中的裁判员,主持人负有实施规则的责任以确保组织尽可能以公平与效率的方式来处理事务。非立法机构遵照正式的议事规则来执行的严格性相对较低。会议主持人运行会议程序的正规程度到底该多严格才算合适,事实上取决于组织的规模和内部意见的歧异程度。从实际的角度来考量,组织的规模越大,或成员间的观点分歧越多而杂,所需要的规范程度就越高;反之,则可不必太过拘泥于形式。总之,在规范的严格和处理的效率之间要能因地制宜取得平衡。

2.1　会议的过程

1. 会前充分准备

会议主持人应事先准备好详细的议程,以便在会议中遵照执行(参见议程)。如果会议中安排了一些官员的报告,就要事前与其联系,确定他们已经做好了准备,并且在议程中列出他们的名字。

2. 提前到场,准时开会

会议主持人应提前到达,检查会议地点的准备是否妥当,只要达到法定人数,应在确定好的时间立即开始会议(参见法定人数)。

比如,在会议开始前十五分钟,主持人注意到房间太热,座位也不够,他应与管理人员联系做出必要的调整。又如,预定的开会时间已到,大厅里与会者已超过法定人数,但是负责报告的财务官还没有到达。此时,主持人应按时召开会议,尽管这意味着可能需要修改相应议程以便推迟财务官的报告。

3. 事务的提出

在会场秩序井然后,可以由成员的动议或者讯息的传达来提出事务。例行事项的动议往往是不必要的。比如,听取某委员会的报告就不需要由会众来提出动议。但是如果任何成员要求有正式动议的话,事项就应该以动议方式来提出。主持会议者也可以不待动议就提出问题。

4. 在辩论之前

会议就任何主题展开辩论之前要有三个步骤:(1)由取得发言权的某位成员提出一项动议;(2)动议得到另一位成员的附议(无须附议的情况除外);(3)主持人陈述动议的议题。只有主持人能够在动议提出后对它进行处置,视具体情况,或者陈述议题,使之成为会众需要考虑的当前待决动议,或者裁定动议为不合规。在有多个动议(如一项决议、一项修正案和一个延迟考虑的动议)同时待决的情况下,主持人最新陈述的议题即为当前待决动议。

在动议提出到主持人陈述动议(或裁定它为不合规)的期间,任何人不能就动议进行辩论,或提出其他动议,但成员可以提出非正式的建议来修改这项动议。在主持人陈述这一动议之前,动议人可以不经附议者同意而提出修正案（附议者亦可以撤回自己的附议），甚至完全撤回自己的动议。在主持人陈述完毕后，动议人只有在会众同意（以表决或一致同意的方式）的情况下才能修改或者撤回自己的动议。尽管在陈述动议之前进行少许非正式讨论可以节约一些时间，但主持人必须制止成员滥用这项权利，避免非正式讨论，从而引导正式辩论。

5. 取得发言权

成员欲提出动议或在辩论中发言，必须首先取得发言权，也就是经主持人准许而获得即刻表达自己观点的排他性权利。正确的做法是：成员起立，称呼主持人的头衔，如"主持人先生"或"主持人女士"。如果该成员的名字不为主持人所知，成员就应该报出自己的名字。如果成员有权发言的话，主持人应予准许，并宣布该成员的名字以示其得到了发言权。在小型会议上，一般可不必如此正式。

通常，如果同一时刻有多人起立请求发言权，在发言权空出后第一个起立向主持人示意发言的人应得到准许。在发言权未空出之前，成员不得要求发言权，在别人拥有发言权时起立要求发言是不合规的。

6. 动议

动议是对组织应该采取某项行动或者表达特定观点的正式建议。提出一项动议时，成员需要在取得发言权后，说："我动议……"，然后提出所建议的行动。成员以动议的方式来建议通过、修改一项决议，或者提交委员会处理某事项，等等。

7. 附议

除了下面将提到的一些例外情况，成员个人提出的动议通常都需要另一位成员的附议。附议的作用是表明有其他出席人支持其所提出的动议，认为这项动议有成立之价值。如果某项动议始终无人附议，则表明该项动议显然不为会众所接纳，纵使讨论也没希望通过的。附议的规定能够防止会众把时间浪费在那些仅有一个人感兴趣的事务上去。有些时候，附议人也可能是反对这项动议的，但出于对表决结果有信心，想看到该动议能够被正式否决，并记录在案。

例行事务的动议很少引起关注。主持人在确信某项动议的通过不成问题时，可以不等待另一位成员附议就继续下面的程序。但在这种情况下，任何成员都可以因这项动议没有得到附议而提出规则问题（point of order），令主持人遵循正式的规则，要求得到附议。当动议没有立即得到附议时，主持人应询问"有人附议这项动议吗？"如果会议场所比较大，要确保每个人都听到动议的内容，主持人应该在要求附议前复述动议内容。

一项动议提出并得到附议后，主持人陈述动议的内容以便展开辩论；也可能在主持人给了足够的机会后仍没得到所需要的附议，主持人可宣布该动议无效；主持人也可能把动议直接裁定为不合规。在主持人处置动议的这段期间内，任何人不能提出其他动议。主持人经常需要提醒大家这一规则的存在。

成员在附议时说："主持人先生（女士），我附议这项动议。"成员做附议时无需事先取得发言权，在小型会议上也不必起立。

委员会提出的动议不需要附议，因为委员会的动议本身意味着委员会中的多数（一定超过两人）同意向大会提出这一动议。

不需要附议的动议包括：权益问题；规则问题；反对考虑；请求遵守议程；请求分割问题（在特定情况下）；分组表决；重新考虑；提名候选人；请求撤回动议；及任何类型的咨询。

8. 陈述动议

当一项动议业经提出并得到附议时，主持人有两种处理方式：或者立即裁定这项动议不合规，或者陈述这一动议，使会众清楚了解当前的待决动议是什么，以便考虑和采取行动。主持人可以根据议题的性质而采取不同的方式陈述动议。比如"有人动议并附议下面的决议"如果问题是不可辩论，不可修改的，主持人在陈述后立即将该问题提请表决。

动议提出并得到附议后，主持人将逐字逐句地陈述动议，以此把动议提交会众辩论和行动。在动议提出和主持人将之提交会众的短暂期间内，动议的提出者可以修改或者撤回动议，只需说明自己的意图即可。一旦主持人已经陈述了动议后，它就正式提交给会众，必须由他们进行适当处理（接受、拒绝或推迟，等等）。

9. 辩论

在主持人陈述问题之后，它就作为当前待决动议摆在会众面前考虑和采取行动。所有的决议、委员会报告、提交会议的讯息（communications to the assembly）、修正案，以及除不可辩论动议外的所有动议，都是可以辩论的，除非会议以三分之二票决定不加辩论直接进入表决。

每个成员都有权利对于尚未决定的可辩论问题发表意见，只有限制辩论的动议能对成员的这一权利进行干涉。通常除了已确立的规定以外，在辩论中每个成员就某个问题发言限为两次（申诉除外），并且再次发言的前提条件是没有尚未发言的成员要求发言权。

所有的辩论限于当前问题，即由主持人最近陈述的待决动议，并限于是否应该通过此动议的范围之内。发言者发言必须面对同会议的主持者，而不是与其他某个成员对话。用语和举止必须礼貌，避免个人化的评论，尽力避免提到具体成员的名字，不可影射他人，不可质评他人的动机。

在辩论时,可以提出修正案或其他附属动议并进行处理。

在没有明确正式规定发言长度的组织里,通常成员发言至多可达十分钟,或限制在先前约定了的时间内。但经会众的一致同意或通过调整辩论限制的动议,发言可以适当延长,或相应缩短。如前所述,在一次会议上每个人就同一问题(同天)最多只能发言两次,除非这一规则被暂缓执行。

动议人可以投票反对自己所提出的动议,但不能在发言中反对它。

10. 修正案

前面已经说到,在主持人陈述动议完毕之前,动议人有权修改甚至撤回这一动议。但在主持人陈述之后,动议就只能通过修正案的方式进行修改了。

修改动议的方式包括:(1)增加字、词或句;(2)删去字、词或句;(3)删去并增加字、词或句;(4)用一个全新的文本替换原来的文本。

在任何时候,一项主动议最多只能有两个待决的修正案(分别称为主修正案和辅修正案)。除非使用替换动议的方式,否则对修正案的讨论必须限于修正案的内容。修正案必须与当前的动议密切相关。

11. 提请表决

提请表决(putting the question)是指,当辩论看起来已近结束时,主持人询问:"我们可以对动议进行表决了吗?"如果没人提出异议,主持人就提请表决该动议。先清点赞成票,再清点反对票。在表决时,主持人应该先清晰陈述会众需要决定的动议。如果通过了某项决议,就应该宣读决议。

动议提请表决的方式如下例所示:

"当前的动议是通过一项决议,决议的内容是(主持人宣读决议)。赞成这项决议的人请举手⋯⋯反对这项决议的人请举手⋯⋯赞成的人过半数,决议通过。"或者"反对的人过半数,决议未通过。"

"有人动议我们邀请XXX在下次会议上演讲,这项动议已经过讨论。赞成这项动议的人请起立⋯⋯请坐;反对的人请起立⋯⋯请坐。赞成这项动议的人过半数,动议获得通过。"

宣布表决的结果是必要的环节。不能假定会众知道表决结果而省略这一程序。除非宣布表决结果，否则表决不产生效力。

通常采用的投票方式是举手或口头表决。但这类方式可能不适用于需要三分之二表决的动议。某些动议可规定特定的表决方式。

如果没有特别规定，票数过半就可以做出决定。票数过半是指除了空白票和弃权票外，所有合法票的半数以上。

如果会议主持人是组织的一员，当表决以无记名投票的方式进行时，主持人可以与其他成员一起投票。在其他情况下，主持人可以（但非必须）在他（她）的一票将影响结果的情况下投票，比如造成或者打破平局。

提请表决意味着这一动议的辩论已经结束，因此成员无权在表决的过程中再行解释自己属意的选择，也就是不能再继续辩论了。

表决是组织内成员表达个体选择的方式，其结果决定组织将要采取的措施。

12. 表决额度

（1）过半数表决。

"过半数表决"是指所投有效票数的半数以上。除非有规则要求更多的票数才可获通过,否则多数票为一项措施或者选择的基本要求。

如下例所示：

有投票权的参会者47名。共有39人投了票,其中有效票为30票。16票赞成,14票反对,动议获得通过。

（2）三分之二表决。

"三分之二表决"是要求胜方票数至少是负方票数的两倍。确定一项要求"三分之二表决"的动议是否通过的算法:将反对票数乘以2,如结果小于或等于赞成票数,动议就获通过。如果一项动议需要"三分之二表决",主持人应该明确告知会众其规则。

如下例所示：

共有30人投票。18票赞成,9票反对,3票弃权。

动议获得通过。（2×9＝18,动议通过。）

（3）相对多数表决。

"相对多数表决"是在有三种及以上选择时,得票最多的一个候选人或方案获胜,即使得票没超过半数。"相对多数表决"只有在章程规定"相对多数可以当选"时才能决定选举结果。

如下例所示：

共有30人对三位候选人投票。安先生得到了11票,包先生得到了10票,蔡先生得到了5票,另有4票弃权。安先生当选,尽管他的票数没有过半。

任何成员都可以动议对投票计数。这项动议需要附议和"过半数表决"。

如下例所示：

会议主持人宣布进行计数的起立投票："赞成的成员请起立,一经计数请即就座。计数由左至右进

行。请林先生和马先生担任计票员,协助计票。"这一
方法有助于会众看到和听到投票结果,以确信表决结
果的准确可靠。

13. 无记名投票

当投票以无记名方式进行时,每位投票者在一张
纸上写下自己的选择。这种方式主要目的是保护投
票者的私密性。无记名投票一般只在章程中有相应
规定或集体要求的方式下才进行。无记名投票在问
题的意见分歧较大的情况下适用。无记名投票可以
使用专门印制或者简易的选票,投票内容可以包含
多个问题,投票者在适当的位置画钩(圈)或者回答
是否。主持人应指定计(监)票人分发、回收或者计
数选票。计票员向主持人报告投票结果,主持人宣
布结果。

如下例所示:

主持人指定(或会议推举了)林先生和马先生为
计票员。主持人宣布,"计票员请发放选票。如果您

赞成动议内容,请在选票上写"是";如果反对动议内容,则请在选票上写"否"。(暂停,会众填写选票)计票员请回收并统计选票数,向主持人报告投票结果。在计票期间可以休息。计票员完成计票后向会议主持人报告。会议主持人宣布投票结果:

"152票赞成,98票反对,动议获得通过。"

不论采用何种投票方式,弃权票都不计数在内。除非章程中有特定规则,否则在确定"过半数表决"或者"三分之二表决"的结果时,基数均为有效票。

14. 一致同意

一致同意是一种非正式的同意,这种方法用于不使用正式投票就采取措施的时候,甚至没有一项动议在被处理的场合。这一程序由主持人发起。一致同意是用来加速事务进程的有效工具,能够快速处理日常事物,或者那些主持人觉得会众极有可能同意的事务。例如,会议记录的批准和更正通常都是以一致同意的方式进行处理的。

如下例所示:

"有没有什么对会议记录的修改意见?"(暂停)"没有修改意见,会议记录按照宣读的形式通过。"

"如果没有反对意见,我们将休息十分钟,以便完成计票。"(停顿)"没有反对,会议休息十分钟。"

主持人往往在询问是否有反对意见时须停顿一下。如果有反对意见的话,则此事项仍需按照通常的方式提请表决。成员有可能且有权反对"一致同意"的方式来做成决定,因为他们认为有必要进行正式的投票,以打消仓促行事的疑虑。

15. 平局

平局是指赞成和反对的票数相等,它意味着动议未获得"过半数"的票数,因而不获通过。此时,主持人不应强制改变局面,尽管主持人作为成员有投票权。议事规则建议主持人只在无记名投票时投票,表现其不偏不倚的态度是主持人的一个主要职责。

当平局出现时,会众中的一半是反对该动议的。如果这一议题分歧显著,最好还是不要立即通过。时间和沟通或许能够抚平分歧,问题总可能在将来的会议上重新展开辩论,来获得更大的共识。实际上,主持人使用自己的一票制造出平局,往往反而更为明智。

16. 宣布表决结果

在宣布一项动议的表决结果时,主持人应该:(1)说明哪一方占优势;(2)宣布动议是否通过;(3)说明表决的结果,或下令执行。

如下例所示:

对于没有计数具体票数的表决,主持人可以这样说"赞成方获胜,动议成立。"对于计了具体票数的表决,主持人可以这样说:"14人赞成,15人反对。反对方获胜,动议不成立。"

17. 决议

决议是书面形式的动议。主持的官员有权要求任何主动议、修正案或对委员会的结论以书面形式来提交。有相当长度或重要性的主动议一般都以决议的形式做成。

一项决议分为两个部分。第一部分被称为导言,以"鉴于……"起头。导言应限于提供决议的原因以及有加强作用的任何背景信息。决议的第二部分称为决定,以"决定"开头,包含需要接受的动议。一项简洁、表达良好的决议比一项冗长、空洞的决议要有效得多。导言并非必须的,形式也不必生搬硬套而以文害义。

如下例所示:

鉴于,……;

鉴于,……;

因此本协会决定,为所有的成员购买《议事规则》手册。

一项书写恰当的决议,标点符号也十分重要。每个条款都应自成段落,以分号隔开。不论决议有多长,最后才出现句号。

一项决议的决定部分先行处理,由会议主持人陈述。它们的处理与其他主动议相同,是可修改的。一旦决定部分获得通过,就接下来陈述导言。把导言部

分放在最后来陈述是因为决定部分的任何修改可能
需要对导言作相应的修改。

如下例所示：

"现在讨论的这项决议决定协会为所有成员购买
《议事规则》手册。有人需要讨论吗？"

李先生站了起来说："我动议修改决议。删去'为
所有成员'这一短语，代之以插入'为主持人'这一
短语。"

接着，主持人叙述了修改意见，要求附议，对修正
案进行投票，等等。表决结果，协会否决了李的修正
案。再经表决，原决议获得通过。

18. 散会

散会的动议可以由任何成员提出。它可以在考
虑其他问题时提出，但不能打断其他人的发言。当会
众正在表决或者核实表决结果，或者正在安排下次会
议的时间和地点时，提出散会的动议（正式的名称为
休会动议）则属不合规。如果散会的动议表决没有通

过,再次提出同样的动议必须等待处理了一些事务之后。当所有事务处理完毕,而没有人提出新的事务时,主持人可以不待动议,而直接问:"是否还有其他事务?"如果没人响应,主持人就接着说,"既然没有其他事务,我宣布现在散会。"

2.2　动议如何提出并处理

处理步骤如下:

1. 成员请求发言权

成员起立,(举手示意,)面向主持人说道:"××主持人,……"

2. 分配发言权

主持人回应这位成员并把发言权分派给他,如可能,应称呼其名字,如"关女士……"使会众明白关女士已取得发言权,这样有助于保持会场秩序。

3. 提出动议

关女士提出一项动议,比如说:"我动议协会使用维修基金在社区公园修建一个游乐场。"

4. 动议得到附议

另一位成员说："我附议这项动议。"这位成员不需要起立，也不需要得到主持人的准许。（委员会的动议不需要附议，因为动议本身意味着至少有两个委员会成员已同意。）如果一项动议没有得到第二个人的附议，主持人说："既然无人附议，这项动议将不提交会议讨论。"

5. 主持人陈述动议

如动议得到了附议，主持人应陈述该动议，使成员们明了动议的内容。如"目前已经得到附议的动议是协会使用维修基金在社区公园修建一个游乐场。"能使会员集中注意于将被处理的当前动议。对于长而复杂的动议，主持人往往可以要求以书面提交，这样就可以准确地复述动议内容。

在主持人复述过动议以后，该动议就成为当前待决动议，应先处理完这一动议之后，再处理其他的事务。

6. 展开辩论

主持人必须让所有可辩论的问题展开辩论。主持人通过称呼希望发言者的名字来分配发言权。在一个大的团体中，主持人可能不认识成员，成员需要自报家门。只要成员们还有意愿继续讨论，辩论就应该持续下去，除非有人动议限制或者停止辩论并得到通过。

7. 提请表决

主席再次陈述问题："当前的问题是关于协会使用维修基金在社区公园修建一个游乐场。"以使成员们明了投票的目的。然后，主持表决，如"所有赞成这项动议的人请举手……反对的人请举手。"

8. 宣布结果

主持人解释和宣布表决结果：如"反对的人占多数。协会将不在社区公园修建游乐场。"必要时主持人应向成员们解释投票结果的意义。

2.3　选举

组织的章程中通常规定了选举日期、提名的方式、投票程序、当选所需的表决额度，以及任期。通常采用下列程序：

候选人可以由会议主持人、现场成员、委员会，或者由投票来提名。

如果没有人继续提名，主持人可以用"一致同意"的方式结束提名，或者以三分之二票的表决来结束提名。结束提名的动议只有在提供了充分的提名机会后才是合规的。

投票通常以点名、无记名投票的方式进行。在某个职位只有一名候选人的情况下亦可直接鼓掌通过（前提是章程不要求必须书面投票）。

2.4 会议主持人

会议主持人，也常称作会议主席，首先应该明白会议的决定权归属于会议成员，而自己是会众的一员。但作为会议规则的裁判员和执法者，他必须熟悉规则，能够指导会众共同遵循。同时有效地处理事务，促进会议的效果。他又有责任使成员们明白要做什么，已经到了哪一步，此后怎样做才是合宜的。

1. 维持规则和秩序

通常，会议主持人应该具有必要的素质、训练和经验，也要承担必要的工作和职责。

例如，会议前须注意：

● 把自己置身度外，客观地考虑问题

● 了解会议上待解决的议题，掌握事实和信息，探寻解决的方法和途经

● 周详准备会议的议程

● 温习一下相关法规、所在机构的规章制度以及议事规则

会议期间须注意：

● 严格遵循规则

● 确保公平合理的会议气氛

● 确保会议的法定人数，谢绝不相关人员参会

● 认真倾听，并时时注意控制自己的情绪和保持适当的态度

● 公平分派发言权，注意不同意见表达机会的平衡

● 坚持所有发言以主持人为发表对象，而非与会者

之间相互辩论。尤其要禁止成员彼此侮辱和互相诋毁

● 遇到意见分歧严重时,可要求会众向专业机构求助;如争论过于激烈,可将会议暂停,使气氛冷静下来

● 注意保持会议按议程进行,要避免讨论过于跑题发散,或无的放矢

● 维持在任何时刻只处理一个议题,确保只有一人获得发言权

● 适当运用技术和技巧来引导会议合规进行,并讲求效果

在会议后则注意:

● 回顾并汲取经验

主持人应该非常熟悉章程中的程序规定、组织惯例,以及议事规则。

如下例所示:

一位成员动议每位成员上交100元作为建设游乐场的基金。主持人解释说章程中不允许成员分摊费用,因此该动议无效。

主持人应该清楚地阐述程序，并说明将要处理的事务，加强组织的合作。主持人有义务使一项动议意义明确，这可能意味着帮助成员重新阐述一项动议，或要求一项复杂的动议以书面的方式提交，等等。

如下例所示：

在委员会报告后，安女士站起来就社区游乐场为何必要发言。主持人解释说现在要处理的是委员会的报告，新的议题将随后进行。当主持人宣布开始新的议题后，安女士再次起立，开始长篇大论地讲述本社区的孩子们没有地方玩耍，而其他社区都在建设游乐场。主持人打断她问道："您是否想动议建设一个游乐场？"

2. 控制发言权的分配

主持人可示意那些想要发言的人发言，如可能，叫他们的名字以"分配"发言权。成员在他人发言时私下讨论、大声评论、影响甚至打断别人发言均属不合规，主持人应予指正，并维护遵守会议秩序。

如下例所示：

在主持人请安女士发言时，大厅内有一阵骚动。有人嚷："我们得在这儿待一个晚上了！"主持人严肃地要求恢复秩序，提醒大家安女士现在有发言权，请那些想要评论的人们等到他们得到发言权后再发言。

主持人应该公平对待想要发言的人们。他应该使对一个问题的每种不同观点都有发言的机会，可能的话尽量使持不同观点的人们交替发言。

如下例所示：

"现在已经有两位赞成这项动议的成员发了言。有没有反对这项动议的成员想要发言的？"

主持人应该保持冷静、客观，使会议顺利进行，有时幽默感和微笑能帮助救场。

如下例所示：

关于游乐场建设问题的讨论正热烈进行中。一位成员站起来表示那些有孩子的家庭应该被排除在协会之外，协会应成为一个成人团体。主持人感到局面可能失控。如果他此时能笑起来，感谢该成员的评论，并且使会议进入下一个议程，将可能避免一场混战。

主持人应在投票前再次陈述议题，并在投票后宣布投票结果。

示例：

"现在的动议是关于在社区公园修建游乐场。现在请赞成这项动议的人起立……现在请反对这项动议的人起立……谢谢。反对的人占多数。因此，将不考虑在社区公园里修建游乐场。"

主持人不应允许无关的讨论，如必要可直接要求成员"请把评论限制在当前的议题上"。

如下例所示：

尽管当前的议题是关于委员会的报告,关女士和一些朋友继续在谈游乐场建设的必要性。主持人可以面带微笑地说:"主持人意识到我们的一些成员很希望能够建一游乐场。但是,眼下的议题并不是关于游乐场的讨论,所有的讨论应当围绕当前待决动议。"

主持人应该尽量少使用小槌,最好只在开场和闭会时各击一次。

3. 准备议程

(1) 议程是会议的纲要,应列明需要做的事情及提供的信息;

(2) 使用列出事项的标准顺序有益于设定议程;

(3) 报告人和委员会应以章程中的顺序排列。特别委员会或临时委员会列在常务委员会后;

(4) 仅列出报告人或委员会负责人。报告结束后主持人可询问:"有没有其他报告?"

(5) 检查章程中有无会议中必须处理某一事务的要求;

(6) 检查上次会议记录是否有延迟到本次会议进

行的事务；

（7）事务庞杂的董事会可以有一份循环议程表，表内包括重复的内容，为成员决策提供背景信息。

4. 议程示例

- 宣布开会

- 开幕致辞

- 上次会议记录

- 官员报告（例如财务官报告）

- 执行董事会报告（年度会议）

- 常设委员会报告

- 临时委员会报告

- 特别议程

- 未完事务和普通议程

- 新事务

- 公告

- 散会

5. 主持人讲稿示例

- 开场白：（首先确认法定人数在场）"晚上好。在场符合法定人数，我宣布会议开始。"

- 会议记录："第一项议程是通过上次会议的记录。请张女士宣读上次会议的记录好吗？（"一致同意"的例子）有没有什么修改意见？（暂停）没有修改意见。会议纪要通过。"（如果有修改意见，修改意见由秘书记录下来并相应修改。）然后通过"修改过的会议纪要"。

- "下一项是官员报告。"（只请那些将提出报告的人，使用章程上列出的顺序）

- 财务官的报告："财务官将做报告。"

- "有没有什么问题？"（暂停）"没有问题，报告将提交审计。"

- "有其他提出报告的吗？"

- "没有其他报告。下一项是委员会报告。"（先请章程中规定的常设委员会作报告，按照章程中列出的顺序，然后是特别委员会。）例如："现在请××委员会负责人王先生作报告……谢谢王先生。报告将与会议记录一起归档。"（报告无需通过，而是要与会议记录一起归档。如果报告中包含特定的行动建议，应该将其整理成动议形式来处理。）

● 特别议程：(章程所规定在特定会议上处理的事务，如选举提名委员会等，或者是事先安排在本次会议上作为"特别议程"讨论的事务，如推迟到本次会议的动议，"特别议程"的设立要求"三分之二表决"，优先级高。)

● 未完事务和普通议程：(指在上次会议记录表明已经被推迟到本次会议进行的事项，"普通议程"的设立要求"过半数表决"，优先级比"特别议程"低。如"下一项议程是推迟到本次会议的章程修改提案。请马先生作报告。")

● 新事项："下一项是新事务。有没有什么新事务需要会议处理的?"

● 宣读公告："如果没有其他新事务需要会议处理的，就请秘书宣读公告。"

● 散会：(使用"一致同意")"如果没有别的事情，也没有反对意见的话，会议就要解散了。"(暂停)"没有反对意见，散会。"

2.5　加速事务处理的一些技巧

1. 尽可能使用"一致同意"的方式

投票占用时间,凡事务是常规性的,或能一致同意的,就不需要进行正式的投票或者正式动议。议事规则在于保障多数方的决定权和少数方的发言权,当会议意见一致时没有少数方需要保护,因此不需要太严格地运用规则,使用一致同意的技术可以加速进程。

如下例所示:

"如果没人反对,我们休息十分钟以清点选票。(暂停,看有没有成员反对。)没有反对意见,我们休息十分钟。"

哪怕只有一个成员表示反对,也必须提请投票表决。

如下例所示:

一位成员说:"我反对!"主持人接下来陈述动议:

"有反对意见,动议是我们可以休息十分钟吗?同意的人举手……不同意的人举手……同意的人占多数,我们休息十分钟。"

在主持人认为组织将采纳某个动议的修改意见时,也可以使用一致同意的技术。

如下例所示:

有人动议在社区公园修建游乐场。安女士动议补充"使用维修基金的剩余款项"。经过讨论,主持人发现大家都认为维修基金的剩余款应该被用在这个项目上,于是说:"如果没有反对意见,动议中将增加'使用维修基金的剩余款项'字样、(暂停)没有反对意见,动议照这样修改。(重新陈述修改后的动议)动议为'使用维修基金的剩余款项在社区公园修建一座游乐场。'"

2. 由口头表决进行选举

当每个位置只有一位候选人被提名,并且没有新的提名时，主持人可以宣布名单鼓掌通过，除非章程规定需要进行正式书面投票。

如下例所示：

官员们通常在年度会议上产生。主持人要求"提名委员会"做报告，提名委员会负责人为每一个职位提名一人。之后，主持人请在场人员提名主持人，及其备选者。在场没有人提出候选人。主持人于是说："现场没有新的提名，我宣布鼓掌一致推举提名委员会提名的候选人分别当选。"

3. 帮助动议的表述

一位成员在得到发言权后开始没着边际地谈论一个问题。主持人可以策略性地打断他的讲话，帮助他组织一项动议。

如下例所示：

张先生取得发言权后，欲提出一动议，然而表达不得要领。主持人机智地打断他问道："张先生，您是否想动议协会建设一个游乐场?"得到张的肯定答复后,现场立即有了一个语意清楚的动议。或者,主持人可假设张先生做出了一项动议,在张一结束发言随即说:"现在的动议是应否建设一个游乐场。"

总之,不论是哪种情况,组织都会因为运用加速进程的技巧而受益。

4. 在讨论偏离主题时重复动议

如下例所示:

当前的问题是在社区公园建设一个游乐场。关女士站起来说社区入口很简陋云云。包先生也站起来说门实用就好。此时,主持人应该重复待决动议,比如,明确提示大家,"当前的动议是在社区公园建设一个游乐场。请大家就这个议题发表评论。"

5. 请求撤回动议

在讨论一段时间后,动议人可能意识到他的动议是不恰当的,因此请求收回动议,但是需要经过会众的同意,因为此时动议已由主持人陈述,并进入辩论,是属于会议而不只是动议人了。只有在动议得到陈述之前,动议才属于动议提出人,而他才可以将其收回。撤回的动议不记录在案,如同没有发生过一样。

如下例所示:

黄女士动议"协会每人分摊 100 元来建设游乐场"。在讨论中,有人提出章程中不允许分摊费用,并且维修基金现在有剩余。黄女士意识到她的动议是不合适的,请求撤回动议。主持人说道:"如果没有人反对的话,动议将被撤回。(暂停)没有反对意见,动议撤回。"

6. 请成员提供决议的措词

当对当前问题有兴趣的人都发表达意见后,会议主持人可以请与会者提出解决方案的措词,以便帮助会议针对该问题有效地采取行动。

如下例所示:

主持人:"对本议题的讨论到此可以告一段落,有没有哪位愿意建议决议的措词?"

成员甲:"动议决议如下,'兹决定,本次会议将成立财务审计委员会,其职责为……'"

解决方案的动议被附议并由主持人陈述后,便成为当前待决问题。它只是表达了会议的意愿,还需要辩论和表决。只有获表决通过后,财务审计委员会才能正式成立生效。

7. 快速处理列表

对于无争议的事务可使用列表方式集中一次通过,通过列表一揽子处理一系列问题,而不是就每个问题单独处理。使用这种办法,对无争议的问题一次投票解决,可以为重要的事务腾出更多的时间。

列表一般由主持人和专业人员起草,它是需要行动但无需讨论的日常事务清单,这些项目可以一次以"过半数表决"或"一致同意"的方式通过。

如下例所示:

(1)确认李先生为公司的代表担任××学校的理事;

（2）确认委员会成员任命(列出名单和委员会名称)；

（3）批准采购办公用品；

（4）接受吴先生的辞呈。

任何成员都可以要求从通过列表中去掉任何一项，被删去的项目将放在本来属于的议程中以通常的方式处理。

8. 阻滞手段

一般而言，阻滞手段有违议事规则的原则，是在会议中错误地使用议事规则来达到故意拖延和干扰组织行动的目的。每个组织都有权保护自己不受这种破坏行为的干扰。主持人有义务制止少数持异见的人滥用合规动议来阻滞事务的处理，应该将其裁定为不合规，对滥用权利者不予理睬。

如下例所示的不合规情况：

• 在投票后，即使表决结果对所有的成员已很明确，仍有人不断要求进行分立重新表决；

• 一个小团体多次提出秩序问题，并对主持人的决定反复提出申诉；

- 明显愚蠢的动议。

2.6　起草会议组织的规章

在一个新组织的创立会议中，最重要的事项是组织的主要规章制度的设计和起草的决议。一个组织在创立初始阶段，不妨借鉴其他类似组织的规章制度，尽可能以声誉良好运行规范的类似团体组织的制度安排作为范例模板，然后根据本组织的目的、功能、监管环境、特质、需要，等等进行细化和优化。必要时可成立专门的委员会来负责落实这些工作。

如下例所示：

会员甲提出动议："我动议由会议主持人指定的由(若干)成员组成的章程起草委员会来设计并起草章程，并在下次会议进行汇报。"

做为主动议，此类动议是可以被修改和辩论的。

2.7 会议记录

会议记录是会议的书面记录，由秘书负责记录整理。会议记录应尽可能言简意赅。准确精简的会议记录十分重要，尤其对正式的会议。它们构成了与会成员的动议、报告、辩论要旨、采取的行动和决定的永久记录。

作为会议的正式记录，会议记录是可以被查询、调阅和采证的。永久保存的文档一般包括：

- 确认过的会议记录
- 会议议程
- 财务报告
- 法规、章程、和/或规章制度
- 会议下设委员会和成员的详细名录
- 办事流程

会议记录应包括：

- 所有通过及未获通过的动议；

- 动议人名字；

- 所有报告人的名字（官员、委员会主席等）；

- 所有被选举或任命的人的名字；

- 各方的选票数量。

通常不被记录的：

- 讨论的个人观点；

- 附议者名字；

- 被撤回的动议；

- 整个报告。而代之记录为："××委员会主席杨先生做了报告。报告附在本纪要后。"

秘书的其他职责：

- 及时清晰地书写会议记录；

- 及时向会议主持人送一份拷贝；

- 提醒会议的未竟事项；

- 与主持人共同签署会议记录，记录通过的日期；

- 向各与会成员报告会议记录。

在记录更正内容时要精确，记录更正出现的日期、页码和行。所有的更正以红笔进行。不要抹去原来的笔迹。记录更正日期。会议记录通常在阅读时更正,但在三分之二票数同意的情况下可在任何时候加以更正。(凡要改变那些已被会议接受的东西,则需要三分之二的票数。)

会议记录的内容例示,

首段:

(1) 会议类型(例行会议或临时会议);

(2) 机构名称;

(3) 会议的时间和地点;

(4) 主持人、秘书或替代人员名字;

(5) 出席的法定人数;

(6) 会议开始的时间;

(7) 上次会议的纪要是否通过,有无更正。

如下例所示:

某年某月某日在某地,某组织召开一次(例行)会议。主持人和秘书出席。(或者"候补主持人名字,在主持人缺席的情况下一般由排序仅次于主持人的资深官员代理主持会议。")到场符合法定人数要求。会议在某时召开。上次会议的会议记录以宣读的形式

（或修改后的形式）获得通过。

会议记录（样例）

社团的月例会于 2015 年 1 月 3 日星期六晚上 8:30 在社团办公室举行，社团主席出席，并任会议主持人，社团秘书出席。上一次会议的会议记录经宣读和修正，得到通过。

财务官报告了开拓建筑公司寄来的金额为 5 万元的账单，这是社团大楼近期装修所产生的费用。主持人提请对"同意支付"进行表决并得到通过。

李先生代表会籍委员会做报告并动议"接纳赵××先生入会。"经过辩论动议得到通过。

会议收到日程委员会的报告并存入档案。

为调查解决社团大楼附近的停车场问题而设立的特别委员会由委员会主席史先生做了报告，提出了决议，经辩论和修改，通过的决议为："决议，……（表决前的准确措辞，包含了所有的修改）。"

接下来处理从上一次会议推迟而来的、关于允许非社团成员使用社团图书馆的动议。该动议以及它的一个修改被搁置，因为主持人宣布嘉宾发言人接到电话通知需要提前离开,所以请嘉宾提前发言。

　　主持人介绍嘉宾发言人,王××先生,他演讲的题目为……。

　　嘉宾发言结束后,关于允许非社团成员使用社团图书馆的动议被恢复讨论。经过进一步的修改和辩论,通过的决议是:"决议,……[表决前的准确措辞,包含了所有的修改]。"

　　乔××先生动议"社团着手在其河边的地产上为儿童建设一个夏令营。"马先生动议修改,在"儿童"前面插入"贫困"。杜先生动议把建设夏令营的动议连同这个修改一起委托给一个三人委员会,由主持人指派委员,并要求在下一次会议上做报告。主持人指派了陈先生、杜先生和方女士三人组成委员会。

　　会议于晚上 10:05 分休会。

秘书:刘菲

[第三章]
动议的类型及其用法

3.1 动议的类型

动议是会议参加者用来提出事务的工具,在会议中事务只能以动议的方式提出。动议分为主动议(main motions)、附属动议(subsidiary motions)、偶发动议(incidental motions)、优先动议(privileged motions)等类型。后三类动议统称为辅动议(secondary motions)。我们在下文中将说明,在所有类型的动议中,主动议的处理优先级其实是最低的。各类动议有所谓的优先级顺序(the order of precedence of motions):一项优先级高的动议可以在优先级低的动议正待决的时候提出并取代后者成为"直接待决动议"(当前待决动议可能有若干个,主动议+修改+委托等,但只有最后提出的那一个叫做"直接待决"),优先级低的动议须"让先于优先级更高的动议"。

主动议用来提出某个特定主题供会众考虑,其内容为建议组织采取特定行动或者表达特定观点。提出主动议的用语为"我动议……"。如前所述,在会议过程的任何时刻,只能处理一个主动议。在各种类型的动议中主动议的优先级最低,也就是说,它不能打断任何其他问题的考虑而被提出。

如下例所示:

"我动议用维修基金的剩余部分在社区公园修建一个游戏场。"

在充分的讨论以及付诸表决之后,会议主持人要代表会议宣布对动议的决定,如说"表决的结果表明赞成本动议为多数,因此用维修基金的剩余部分在社区公园修建一个游戏场的动议获得通过。"

使用各种各样的附属动议是为了适当地处理问题,如修改、提交委员会,等等,这时附属动议就替代正在处理中的主动议成为当前待决动议。在附属动议待决时，又可以提出与事务连带关系的问题，如规则问题，这类问题为偶发动议。偶发动议的优先级又高了一层，可以打断正在进行的事务处理，成为直接待决动议，直至它们先得到解决。值得注意的是，偶发动议的优先级并非固定的，视特定的情况或时间而定。偶发动议和优先动议两类之间的顺序也不是完全固定的，在偶发动议合规时，其优先级甚至可以高过优先动议。而且，偶发动议之间也没有固定的优先级关系。优先动议，顾名思义，可以打断其他问题，这是因为这类动议有其重要性和急迫性。优先动议的优先级一般来说更高，可以取代主动议、附属动议、偶发动议而成为"直接待决动议"。

　　一些动议允许辩论，另一些则不允许辩论；有些动议可以被修改，其他一些动议不允许修改。"可辩论性"和"可修改性"是一项动议的"固有属性"。（以上讨论，可以参见第四章《动议的顺序等级》里的附表。）

3.2 主动议

按照议事规则,主动议作为一个类型,有如下属性:

(1) 不得打断一位已得到发言权的成员;

(2) 除非来自一个委员会,动议的提出需要附议;

(3) 是可辩论的;

(4) 是可修改的;

(5) 需要半数以上的选票获得通过;

(6) 可以被重新考虑。

以及,

(1) 主持人可以要求内容丰富的动议以书面方式提交;

(2) 动议人有权首先就这一问题发言;

(3) 成员可以投票反对自己提出的动议,但不能发言反对它;

(4) 成员可在主持人复述自己的动议前修改它,并可以在主持人复述后提出修改;

（5）成员可在主持人复述前撤回其动议，在复述后则须得到集体的同意方能撤回；

下列动议应被裁定为不合规：

（1）与现有法律或者章程冲突；

（2）在同一天重复同样的问题；

（3）与已通过的动议冲突；

（4）超出组织的范围或目标的行为；

（5）与委员会的动议冲突或重复；

（6）显然谬误、愚蠢、荒唐的动议，或故意拖沓、行径粗野等。

3.3　附属动议

附属动议都与当前主动议及由该主动议产生的另一个附属动议相关，目的是为了帮助会议对当前问题进行处理，它们可以用来变更动议的表述，将动议提交给一个委员会，或者延迟处理它，等等。这类动议旨在加速事务处理，通过接受和拒绝之外的方式来处理待决的问题。会议中附属动议的使用最为频繁。

针对当前的主动议,附属动议一般有七种(优先级从高至低):

(1) 暂停(lay on the table):动议暂不处理此动议。

(2) 中止辩论立刻表决(previous question):动议不继续讨论而直接表决当前问题。

(3) 调整辩论限制(limit or extend limits of debate):调整每位成员发言辩论的次数和每次的时间长度,或者设定辩论的总时间。

(4) 改期(postpone to a certain time):动议推迟处理当前问题直至某一时间。

(5) 进一步研究或提交给委员会(commit or refer):动议进一步收集相关资料信息,或由某委员会进一步研究当前问题。

(6) 修改(amend):修改当前的主动议。

(7) 搁置(postpone indefinitely):动议推迟处理当前问题但没有确定的时间。

如下例所示:

"我动议立即表决本动议。"(立刻表决)

"我动议由提名委员会把王先生的学历认定文件提交给会议后再讨论他是否符合候选人资格。"（交由某委员会进一步研究）

"我动议到下次会议再讨论本动议。"（改期）

"我动议在本动议中游乐场的装修费用限定在一百万元。"（修改）

"我动议无限期推迟处理本动议。"（搁置）

这六种附属动议的优先级又有高低之分，顺序的规定是暂停(1)最高而搁置(7)最低。

如下例所示：

在讨论是否将修建游乐场的动议时，有成员提出附属动议，提议本动议应先由成员福利委员会研究。随后，一位成员站起来说："我动议把修建游乐场的问题延迟到下次会议讨论，因为时间太晚了。"

由于"改期"附属动议的等级高于"进一步研究"

的附属动议,因此主持人要求就改期的动议先进行投票。如获通过,则主动议连同提交委员会的附属动议都将被推迟到下次会议去讨论。

3.4　偶发动议

　　偶发动议属程序性动议,是用来处理规则问题的。比如,确保程序适当、纠正错误、确认票数,等等。偶发动议被引入后就须先行处理,处理完毕后才能够继续处理附属动议和主动议。偶发动议适用于任何主动议,在类型内部不分先后顺序。偶发动议通常不可辩论,也很少是可修改的。

　　如下例所示:

　　注意到关于游乐场建设的问题意见分歧明显,会议气氛紧张,一位成员认为无记名投票的方式更为有利,于是站起来说:"我动议表决以无记名投票的方式进行。"

由于偶发动议的用途颇多,我们择其常用者列表如下:

偶发动议

目　　的	动议名	用　　语	需要的票数
质疑主持人的裁定	申诉	"我对主持人的决定提出申诉"	多数
索要信息	信息咨询	"我提出信息问题"	不表决,由主持人/专家回答
查明会议规则	规则咨询	"我提出议事规则问题"	不表决,由主持人/权威人士回答
要求确认投票结果	分立重新表决	"为表决更准确,我动议分立重新表决并计票"	不表决,由一位成员动议即可
消除不当的事务	反对考虑	"我反对考虑……"	三分之二
撤销自己已提动议	请求撤消	"我请求撤回我的动议"	多数
改变一项决议	废除	"我动议废除关于……的动议"	三分之二
对一项动议重新投票	重新考虑	"我动议重新考虑关于……的投票"	多数

3.5　优先动议

优先动议与组织成员的应有权利有关,它们并不需要与当前问题直接关联。顾名思义,优先动议通常具有相当的急迫性或重要性,因而无须讨论就可以打断正在处理其他事务的过程,因而它们也是不可辩论的。

优先动议类型优先于其他所有的动议类型,并且在它们内部也有等级之分。四种优先动议的顺序由高到低为:

(1) 休会(adjourn);

(2) 休息(recess);

(3) 提出权益问题(raise a question of privilege);

(4) 请求遵守议程(call for the orders of the day)。

1. 提出权益问题

权益问题(questions of privilege)与组织及其任何成员的权利有关,比如会场的条件对会众严重不利或构成威胁。这种优先动议赋予成员打断当前事务的处理提出紧急请求的权利。它们的提出不是经常性的,只有在组织及其成员的尊严、安全、名誉等受到严重威胁的情况下提出才是合规的。

如下例所示:

"我们在后排听不清发言。"

"在会议室中间的成员还没有得到书面决议。"

"请注意会场有浓烟冒出，可能是楼下失火引起的。"

关于权益问题的优先动议的运用是否合规，议事规则有如下的安排：

• 会议主持人通常有权裁定权益问题是否严重到需要打断当前事务的程度，也就是所提出的优先动议是否有理。比如，一位成员不能要求在其他成员已经取得发言权时来主张自己发言的"权益"，主持人应该裁定其为不合规。

• 如果此类权益问题的动议在没有待决事务的情况下提出，则它们就等同于一项主动议，是可以辩论和修改的。

• 在权益问题得到解决后，被它打断的发言人将重新拿回发言权继续其辩论。

2. 休息

"休息"动议乃提议会议做一间断，它把当前问题暂时搁置起来，在间歇时间结束复会后继续进行。

动议往往要说明间歇的长度或重新开会的时刻。休息的目的可能是用餐、茶歇、计票等等。

如下例所示：

"我动议在表决计票的时候休息15分钟。"

休息的动议必须得到附议方可。它是不可辩论的，但可修改休息的具体时间。休息动议需要过半数表决通过。

3. 休会

休会意味着结束会议。在组织以明确下次会议的安排时，休会动议甚至可以在有待决事务的情况下提出。当有事务未完成，并且休会的动议得到通过时，未完事务将顺延至下次会议处理。

同样，休会的动议必须得到附议方可，不可辩论，且需要多数票通过。但它是可修改的。

如下例所示：

一项修建游乐场的动议正在讨论中。一位成员注意到已是午后一点钟，于是站起来说："我动议休会用午餐。"该休会动议涉及程序和有影响成员健康的权利问题，是一项优先动议，所以得以打断修建游乐场的主动议，不经过辩论即可由会众表决采纳或否定。它可以被修改。因为定出休会的时间是优先级更高的优先动议，因此若有另一位成员提出修改动议，比如"我动议十分钟内休会，用午餐四十分钟后复会。"来取代先前的休会动议。

议事规则对在一次会议被动议休会前正在处理但未做成决议的事务也有规定：

- 该未完事务将自动成为下一次会议的第一个得到处理的问题，就如同休会未曾发生过那样，此动议只是被顺延了；
- 假如提出动议的成员到下次会议时其任期已满，则该动议只能被舍弃，除非有其他成员把它以新动议重新向会议提出；
- 年度会议的未完事务将被舍弃；要再度提出的话只能作为一个新动议。

[第四章]
动议的顺序等级

4.1 动议的优先顺序

议事规则中规定了动议的优先顺序,以确保在会议的任一时刻只能考虑或处理一个问题的议事原则。主动议是引入并确定如何处理事务的基本动议,它的优先级却殿后,其他类型的动议有在主动议之前得到处理的需要。有关会议规则和成员应有权利的动议,因其紧迫性或重要性,需要即时提出并先行处理;附属动议和偶发动议因而需要拥有较高的优先级别,可以为此打断对主动议的处理。这样的先后次序安排,是为了使最后对主动议采取的措施能准确地反映会众的意愿。

优先动议和附属动议这两类动议在其内部又各自有优先顺序,前文已有过介绍。偶发动议的内部没有很固定的优先顺序,它们是由其他待决动议引起的连带问题,视连带的性质和需要来提出和处理的。需要注意的是,若非与当前的事务相关,偶发动议就不能被提出。

各种类型的动议及其处理优先级由低到高的排列

意　　图	动议类型	用　　语	需要的票数
主动议			
引入事务	主动议	"我动议……"	过半
附属动议			
封杀	搁置	"我动议搁置该动议。"	过半
改动动议的词句	修改	"我动议修改动议。"	过半
进一步研究	提交委员会	"我动议将动议提交财务委员会分析后再……"	过半
推迟行动	改期	"我动议将它延迟到下次会议讨论……"	过半
调整辩论限制	调整辩论限制	"我动议将辩论限制在每位成员最多发言一次,每次发言时间不超过2分钟……"	三分之二
中止辩论	立即表决	"我动议立即表决。"	三分之二
暂不处理	暂停	"我动议暂停该动议。"	过半
优先动议			
请求执行既定议程	请求遵守议程	"我请求遵守议程。"	一人动议即可
提请注意议事环境	提出权益问题	"我们在后面听不见。"	主持人裁定
暂停休息	休息	"我动议休息十五分钟……"	过半
结束会议	休会	"我动议休会。"	过半

4.2　动议顺序的设计

各种动议的规定，包括它们的属性、功能、目的、应用条件、优先级，等等，可以很复杂甚至相当敏感。罗伯特的议事规则对它们的精巧设计和精妙安排，显示出他对民主制衡的深刻领悟，对世事人性的深邃洞察，对系统工程效率的深切把握。他深知，人类的通病，是在自利追求中往往会倾向于便宜行事，扭曲规则，严以责人而弛以律己。尤其在己方占上风的时候，曲解和廻护更是层出不穷，会刻意突破规则来扩张单方面的利益。其结果使规则倾圮，增加协同的艰难和合作的成本，甚至信任瓦解，公义荡然。后果是，纵能逞私利于一时，却戕害甚至断送长远的合作前景。为了"群猴的游戏"能够持续和建设性的扩展，罗伯特总结历史经验，不厌其烦，耐烦其详，订立出一整套的规矩，融合民主的制衡精义，贯彻事理的逻辑始终，使它们能够在实际中运用操作，规范"猴脑"的机诈，使之向上提升、朝积极合作的方向不断伸展。

　　会议事务的提出、论辩、决议各个环节构成的复杂系统加以有系统的规范之后，可以适用于最高层的会议，最复杂的利益角逐，最精细的思辨抗衡。然而对于大多数的会议，用了其中一些基本的规则，也许已足以维护议事的程序公正和效率了。事实上，这本小册子，即不能也毋庸逐一展开其细节。了解到议事的原则，各类团体用户可以根据自身的情况加以推理和引申，裁量和设计出符合本团体组织实践需要的议事规则。读者不妨细读下节中的列表，琢磨各种动议的属性，通过所需之票数，彼此间的先后处理顺序，就不难体会罗氏议事规则是怎样通过有系统地精巧设计，在取得程序正当和议事效率两大原则之间的平衡的。

4.3　关于动议处理的规定汇总

　　我们由前文知道，并不是所有的动议都要求先取得发言权，也不都需要附议的，而且并非所有的动议都是可辩论的或可修改的。一些动议的采纳不需要进行表决，或者不允许复议。下表总结了关于各种动议的一些规定。

关于动议处理的一些规定列表（优先等级从高到低排列）

动议名称	需要 发言权？	需要 附议？	可辩 论？	可修 改？	所需表决 额度	可复议？
优先动议[1]						
1. 休会至指定时点	是	是	否	是	过半	否
2. 休会	是	是	否	否	过半	否
3. 休息	是	是	否	是	过半	否
4. 提出权益问题	否	否	否	否	由主持 人裁定	否
附属动议[1]						
5. 暂停	是	是	否	否	过半	在被否 决时[3]
6. 终止辩论，进 行表决	是	是	否	否	2/3	是[4][5]
7. 调整辩论限制	是	是	否	是	2/3	是[5]
8. 改期	是	是	是	是	过半	是[5]
9. 提交委员会	是	是	是	是	过半	是[5][6]
10. 对修正动议 进行修正	是	是	是[7]	否	过半	是
11. 修正动议或 替代动议	是	是	是[7]	是	过半	是
12. 搁置	是	是	是	否	过半	在获通 过时[8]
(新)主动议/决议	是	是	是	是	过半	是
恢复性动议						
1. 重新考虑	否	是	是[9]	否	过半	否
2. 撤销对委员会 的委托	是	是	是	是	过半或 2/3[10]	在被否 决时[11]
3. 取消搁置	是	是	否	否	过半	否

（续表）

动议名称	需要发言权?	需要附议?	可辩论?	可修改?	所需表决额度	可复议?
4. 撤销	是	是	是	是	过半或2/3[10]	在被否决时[11]
偶发动议 **(先后次序不固定)**						
信息问题	否	否	否	否	不表决	否
会议规则咨询	否	否	否	否	不表决	—
分立重新表决	否	否	否	否	不需表决[12]	否
分割问题	是	是	否	是	过半	否
撤回动议[13]	是	否	否	否	过半	在被否决时[6]
反对考虑问题	否	否	否	否	2/3	在被否决时[6]
暂缓规则实施	是	是	否	否	2/3[14]	否
申诉	否	是	是	否	过半或平局[15]	是
秩序问题	否	否	否	否	由主持人裁定	否

注释：

（1）按照优先顺序从高到低排列。

（2）必须应成员的要求执行，除非议程由三分之二票取消。

（3）为了贯彻"同一个问题不能重复讨论"的原则，在"暂停"动议被否决之后，必须等到（a）会议的事务取得了实质的发展；或者（b）有新的事件突发了，之后才能复议。

（4）如果"逐付表决"得到了通过，那么必须赶在实际的表决开始之前提出"复议"。

（5）如果遭到否决，那么必须等到情况变化或者辩论发展之后才能"复议"，以确保"同一个问题不能重复讨论"原则的贯彻。

（6）如果"提交委员会"得到了通过，那么必须赶在委员会着手处理之前提出"复议"。

(7) 只有被"修改"的动议是可以辩论的,辩论"修改"的内容。

(8) 只有在投票表决获得通过时可以复议。

(9) "复议"这个动议,仅在涉及的动议本身可辩论的情况下才可辩论。

(10) 要求"过半数票(同时要有事前通知)",或者"三分之二票",或者"全体成员的过半数票"。

(11) 只有在投票表决被否决时才可以复议。

(12) 不需要表决,任何一个人都可以要求"分立重新表决",不需要经过附议。

(13) "撤回动议"是指在主持人已经陈述了动议之后,动议人请求收回动议。

(14) 如果一条规则的目的是为了保护某个指定比例的少数群体,那么对于"暂缓"这条规则来说,只要反对票数已达到了这个指定的比例,"暂缓"动议就不能通过。

(15) 如果要扭转主持人的裁定,那么反对票得超过半数。

[第五章]
附属动议的运用

　　提出附属动议的目的是为了帮助处理或者修改一项主动议。附属动议中又有处理顺序的等级之分，以便在一项主动议有多项附属动议的情况下处理不致引起混乱。

　　前文已经讨论过，会议的任一时刻只能考虑一个问题，即一个主动议，在它解决之前不得提出新问题。但针对这一当前待决动议，可能提出一个以上的附属动议。附属动议通常以它们的优先等级按顺序逐一考虑：当一项附属动议悬而未决时，提出任何等级较高的动议是合规的，而提出比它等级较低的动议则属不合规。在由附属动议组成的阶梯中，处于低层的附属动议必须让先于处于高层的附属动议，这意味着等级较高的附属动议可以在等级较低的附属动议正被考虑时提出，并得到优先处理。

　　譬如，修建游乐场的动议正在讨论中。针对它提出修改、提交委员会研究和改期处理等的附属动议都是合规的，而且它们的处理之间又有先后之分。优先级顺序的设定是以常识为基础的。如果会议可能决定将一项主动议提交给某委员会进一步研究，那么现在讨论如何修改该动议显然就是徒劳的。于是，提交委员会进一步研究的附属动议的优先级理应高于修改附属动议。这时提出改期处理的动议又是合规的，因为它比提交委员会的等级更高。通过它把整个问题延迟到下次会议处理，将会更有利于维护集体利益。（可能现场的分歧较大，已出现紧张的气氛，这时延迟处理有助于缓解局面。）又如，"立即表决"的附属动议处于阶梯的上端，表明它的优先级高于所有其下的附属动议，即使当前的待决主动议已经被附加了修改、提交委员会等附属动议，会众仍可动议"立即表决"，而且将撇开其他已提出的附属动议最先得到处理。一旦"立即表决"的附属动议得到通过，其余待决的附属动议就失去了意义。

　　下面以优先级从低到高具体分析。

5.1 搁置

搁置的附属动议要求不考虑当前问题或不对当前问题表决或采取行动的处理方法。它如获通过,原动议就只能在另一次会议以新动议的方式重新被引入。所以简单地说,搁置是一项用来封杀一项主动议的动议。它避免了对当前问题的直接投票,可以用来检测某些子团体反对一项动议的力量。设计这项动议的初衷是搁置一个可能导致会众陷于分裂或尴尬境地的问题,而回避直接摊牌。但值得注意的是,当搁置纯粹被用来"封杀或者避免处理某项事务"时,会有不合规的倾向。

如下例所示:

在讨论建设游乐场的动议时,陈先生站起来说:"我动议搁置这项动议。"主持人随即询问:"你希望封杀这个动议,是吗?"

如果成员回答:"是的。"主持人应该裁定:"你的搁置动议不合规。"如这名成员的目的是"将当前动议推迟到下次会议再作处理,"则此搁置动议的性质就不同了。

5.2 修正案

修正案是附属动议中有用的,使用最频繁,所以引起的疑问也最多。

修改一项动议意味着改变动议的表述,使它在表决前意义更明确、更完整或更易接受。修改过程允许组织对动议的内容进行完善,使之更能代表组织的意愿。动议修改的内容必须与当前动议密切相关,打着修改的名义来引入新事务是不合规的。同时要注意,接受修正案不代表接受原动议本身,也不是接受业经改变了动议,而只是同意按照修改后的文字来继续讨论这个动议。如果修正案被否决的话,就回到原动议,它仍然是待决的当前问题。

如下例所示:

当前动议是在社区公园修建一家游乐场。关女士站起来,动议"在'游乐场'前增加'五星级的'"。动议得到附议后，进行了讨论。主持人复述修正案的内容："当前的问题是关于在'游乐场'前增加'五星级的'一词。同意的人请举手。反对的人请举手。……反对的人占多数，修改无效。因此当前的问题仍然是，是否在社区公园修建一家游乐场。"

　　修正案仍可以被修改。第一次修改称作主修正案，主修正案的修正案称为辅修正案。但是，任一时刻最多只能有两条修正案处于待决状态，也就是说，修正案的修正案的修正案是不合规的。这个规定旨在避免会议陷入循环反复，造成会众的思维混乱，议事效率荡然。

　　如下例所示：

　　成员："我认为有需要提一个议事规则问题。"

　　主持人："你的问题是什么？"

　　成员："刚才提出的修改是不合规的，因为这项动议已经有了一个修正案和基于这个修正案的修正案。"

　　主持人："您的意见成立。刚才的修正案的确是不合规的。"

1. 修改一项修正案的过程

首先表决修正案的修正案（即辅修正案）；

接下来表决原修正案（主修正案）；

最后就主动议（可能已被通过的修正案修改过了，也可能没有修改过假如修正案被否决的话）投票。

如下例所示：

在辩论当前动议"使用维修基金的剩余部分在社区公园修建一家游乐场"时，有人动议在"游乐场"前增加"五星级的"一词。此项修改得到了附议，并进行了讨论。之后，又有人提出进一步的修改，动议删去"五星级的"，代之以"风景优美的"一词，这一修改得到附议后进行了讨论。

主持人进行了以下步骤：

（1）"当前的问题是删去'五星级的'，增加'风景优美的'一词。同意这一修改的人请举手。反对这一修改的人请举手。……同意的人占多数。"

修正案的修正案既已被通过，当前待决问题成了被修正了的修正案。

（2）"当前的问题是在'游乐场'前增加'风景优美的'一词。同意这一修改的人请举手。反对这一修改的人请举手。……同意的人占多数。"

它得到通过后，于是回到被修正过的主动议。

（3）"当前的问题是使用维修基金的剩余部分在社区公园修建一家风景优美的游乐场。"（将修正过的动议作为当前问题来处理。）

（4）动议现在可以被继续修改。

（5）成员可能提出进一步的修改意见，例如，在"社区公园"后增加"东南角"一词。会议主持人使用同样的程序，复述问题，允许辩论，对新的修正案举行表决。如果修正案被接受，当前的动议则将变为"使用维修基金的剩余部分在社区公园东南角修建一家风景优美的游乐场"。

一项动议也可以用截然不同的新动议置换当前动议的方式进行修改，前提是这一替代动议必须切合当前的主题。这种修改方式可以成为一种很管用的工具，用来在当前动议难以被接受的情况下提供一个更容易被接纳的妥协动议。

如下例所示：

郭先生站起来说道："我建议将修建一家游乐场的动议改换为'聘任某公司为修建游乐场估算成本'。"

会议主持人在处理替代动议时必须注意一些特别规则：

假如以 A 代表主动议，B 代表替代动议的话，先陈述允许修改的动议 A；再陈述允许修改的动议 B；然后就能否以 B 动议来替代 A 动议进行表决。

如下例所示：

会议主持人说明动议为以"'聘任某公司为修建游乐场估算成本'替代'使用维修基金的剩余部分在社区公园东南角修建一家风景优美的游乐场'"。

（需要时会议主持人有必要向会众解释修改的过程。）"我们首先要回到最初的动议，允许赞成它的人对它进行修改。接下来我们着手修正案的辩论，大家可以对它进行讨论和修改。最后一步将是对是否替代原动议进行投票。"

（1）"先前的动议是'使用维修基金的剩余部分在社区公园东南角修建一家风景优美的游乐场'。有人想讨论或者修改这个动议吗？"

（2）"现在的问题是替代动议'雇佣某公司估算修建游乐场的成本'。有人想讨论或者修改这一动议吗？"

（3）"现在的问题是以'雇佣某公司估算修建游乐场的成本'替代'使用维修基金的剩余部分在社区公园的东南角修建一个风景优美的游乐场'。"

"请赞成替换的人举手。请反对的人举手。……赞成的人占多数，动议被替换成新提出的动议。"（注意，会众仅仅是在表决是否替换原动议而接受替代动议为当前问题，而不是表决通过替代动议。）

2. 有关修正案的议事规则

（1）成员得到发言权后方可动议修正案，但不可打断别人的发言；

（2）修正案必须得到他人附议；

（3）如果修正案是就一项可辩论的动议提出的，

则它是可辩论的；

（4）主修正案可以修改，辅修正案则不可再做修改；

（5）由多数票通过，即使此修正案所针对的原动议本身需要三分之二票数才能通过。

3. 善意或敌意修改

善意修改是那些为加强原动议而改变措辞的做法。在有人提出这类动议，并且没有人反对的情况下，修改能以一致同意的方式通过。

敌意修改则改变了动议的初衷，这样的修改可能会使原主动议的意图落空。

如下例所示：

当前的动议是褒奖主持人。修正的动议可以用删去'褒奖'，同时插入'责备'的方式进行修改。然而这样的修改动议是切题的，因为不论是褒奖还是责备都是指会众对主持人的意见。

4. 不合规的修改

以下的修正案是不合规的：

（1）与原动议无关（不切题的）；

（2）只在技术上纠缠，目的是阻挠会众有效地考虑对原动议应采取的行动；

（3）显然愚蠢和拖沓的；

（4）将使动议陷于自相矛盾或前后不一致的。

5.3　提交委员会

将一项动议提交委员会做进一步研究，意味着把当前问题交由一个子群体来处理，以便这个问题经过周全考虑后，再以适当的形式提交给全体会众考虑。在问题的相关事实不明朗信息不齐备的情况下，这种动议非常管用。它能够避免冗长而没有意义的辩论，也能避免会众做出不当或轻率的决定。

如前例，在考虑在社区公园修建游乐场的问题上，被责成做进一步研究的委员会可以对成员进行民意测验来确定其需求程度，或弄清市政是否能够提供配套资金，或者进行可行性分析和成本估算，等等。

移交委员会进一步处理的动议常需要考虑一些

问题，比如，交给一个常设委员会还是一个新的特别委员会？委员会如何产生？由多少人组成？委员会的性质，是咨询性的还是仲裁性的？委员会的结论或建议何时向大会报告？等等。

如下例所示：

"我动议将修建游乐场的动议提交一个由会议主持人任命的五人委员会处理，在我们的下次会议上报告。"

会议主持人经常会接到不完整的动议，比如"我动议将动议提交委员会处理。"

他有义务帮助这名成员完成这一动议，比如询问："动议要提交给什么样的委员会？"假如成员回答"一个特别或者临时委员会"，他会接下来问委员会由几个成员组成，如何产生，以及委员会何时报告之类。

有关提交委员会附属动议的议事规则

（1）提交委员会的议事规则可以适用于任何附有待决修正案的主动议。在这种情况下，修正案与动议一起提交委员会处理；

（2）必须得到附议；

（3）可辩论的。但是，辩论只能涉及提交委员会本身妥当与否，而不涉及主动议本身。比如，修建游乐场的动议本身是否可取不在讨论范围内；

（4）可修改的。修改的内容为委员会的性质、委员会的规模如何、对委员会的指令，等等。

（5）需要多数票通过。

5.4 改期

改期是把对当前问题的辩论和处理延迟到确定的日期、会议、时刻，或者在某特定事件后考虑。例如，"我动议把这个问题延迟到下次会议。"或"我动议把这项动议延迟到我们的来宾演讲之后。"改期的动议使一个问题推迟到本次会议的晚些时候或者下次会议时处理，至多只能延迟到下次会议。

改期处理的动议在以下情况下适用：

受邀的演讲者或者嘉宾尚未到场；

有关待决动议的信息在会议的晚些时候才能取得；

成员意识到某些成员或其代表不能及时到场参加表决；

到了休息或者休会的时刻。

有关改期附属动议的议事规则

（1）改期适用于所有的主动议；

（2）必须得到附议；

（3）不可打断发言；

（4）可辩论的；但辩论只涉及推迟处理妥当与否，而不涉及当前问题本身；

（5）可修改的；修改的内容为延迟的时间，但不能延迟到下次例行会议或者年度大会的会期终了之后；

（6）需要多数票通过。

在预定的延迟时间到达时，该动议会被重新考虑。如果动议被推迟到下次会议进行，会议主持人应将该动议排入下次会议日程的未完事项中。

如下例所示：

包先生站起来说道："现在时间太晚了，我建议将有关修建一个游乐场的动议推迟到下次会议。"如果有人附议，并且多数票通过，会议主持人将动议和附带的修正案排入下次会议的未完事项中。

5.5　调整辩论限制

调整辩论限制是会众对辩论加以特定控制的动议，方式有：

（1）改变发言的数量和长度限制。

如下例所示：

"我动议有关游乐场建设的辩论限制在每个成员最多发言一次，每次不超过 2 分钟。"或者"我动议发言人的时间延长为 3 分钟。"

（2）要求辩论限于某个时段内，之后就必须投票。

如下例所示：

"我动议在晚上 9 点前结束辩论，届时就关于游乐场的问题进行投票。"

这项动议通常很少使用，在成员或事务众多造成会议冗长的情况下，这项动议可能会起提高议事效率的作用。

有关限制辩论的议事规则

（1）适用于任何动议；

（2）必须得到附议；

（3）不能打断发言；

（4）不可辩论；

（5）可修改，但仅就发言长度或者投票时间；

（6）由于它将限制会众的权利，因此必须三分之二的票数通过。

关于这一动议的表决应该相当明白无误，通常不以口头方式进行。在小团体中以举手方式进行，大团体中则以起立点数的方式进行。（这种比较正式的表决方式适用于所有需要三分之二票的问题。）

如果发言有时间限制，则最好能设置计时器和计时人以便执行。

如下例所示：

在限制辩论的动议通过后，会议主持人指定一位成员记录时间。"将发言限制在2分钟内的动议已经通过。主持人指定吴女士作为计时人。"电子计时器可以在时间到时提醒发言人和会议主持人。会议主持人可能需要有礼貌地提醒正在发言的人："您的规定时间已经到了。"

5.6　立刻表决

立刻表决是用来结束辩论，使会众立即就当前待决动议进行投票的附属动议。会议主持人应该向会众解释这种附属动议的后果，并且说明它是否针对当前问题。

如下例所示：

"有人动议立即表决。也就是说要结束辩论，马上开始表决。这项动议需要三分之二的票数。同意的人请起立。谢谢。反对的人请起立。谢谢。……得到三分之二的人赞成。我们将立即就在社区公园的东南角修建一个游乐场的动议进行表决。"

关于立刻表决的议事规则

（1）立即表决适用于任何待决动议；

（2）在其他人有发言权时提出是不合规的；

（3）不可辩论；

（4）由于会众辩论的权利受到限制，需要三分之二的票数才能通过。

由于需要三分之二的票数,在小团体中以举手方式进行,大团体中以起立点数的方式进行为宜。

5.7 暂停

暂停的目的,是为了处理更要紧的问题,暂时放下当前事务,以后再通过"恢复"动议来继续处理。由此被暂停的包括该动议以及伴随它的所有相关问题。

显然,暂停和搁置是有明显区别的。

由于在附属动议类里面,暂停动议的优先级最高,而且是不可以辩论和由简单多数票来裁定,所以它被误用来封杀一个动议的可能性很高,因此要注意防止滥用,避免导致"多数暴力"。

如果有人想压制对某议题的讨论,用搁置将更为合适,因为搁置是可以辩论的。从议事文明的角度,暂停动议应当慎用,最好不用。罗伯特本人就告诫,暂停动议经常会有被滥用误用的危险。

当有人提出暂停动议时,主持人或许有义务提醒会众,譬如问道,"××先生能否向大家解释一下,暂停本议题是为了处理什么更为紧迫的事务呢?"

[第六章]

偶发动议的运用

6.1 申诉

申诉动议需要附议,它允许任何两个成员对主持人做出的裁定提出反对意见,如果他们认为裁定是不正确或不公平的。这时,主持人需要将他的裁定提交会众表决。会众可以投票赞成或者反对主持人的裁定。

如下例所示:

甲成员:"我对主持人的决定进行申诉,因为刚才提出的修正案是切题的。"乙成员:"我附议。"

主持人:"有人提出申诉,认为刚才的修正案是切题的。主持人认为不切题的决定可以成为组织的判断吗?"(开始辩论。)……

"赞成主持人决定的人请举手。反对的人请举手。"……"反对的占多数。主持人刚才不切题的裁定无效。"

有关申诉的特定议事规则

（1）申诉需要附议；

（2）可辩论的。但辩论有如下限制：每位成员最多只能发言一次，除了主持人可以先就裁定进行辩护发言，最后在投票前能够再次发言；

（3）推翻主持人的裁定需要多数票。

6.2 分立重新表决

分立重新表决的要求使成员们能够确切知道一项投票的明确结果。在确认投票结果时，主持人必须以会众能够看到和确信其结果的正确方式进行重新表决并计票。成员不需要获得主持人准许就可以提出分立重新表决的动议。

如下例所示：

一成员打断进程,提出:"请求分立重新表决。"

主持人应立即宣布:"有人要求分立重新表决。赞成原动议的人请起立。……反对的人请起立。……反对的人占多数,动议不获通过。"

6.3 分割问题

会众可以要求分割问题,用于分割一项动议或决议成为多个组成部分,然后就每一部分单独投票表决。

如下例所示:

甲成员:"我动议分割动议,……然后我们就每个部分单独投票表决。"乙成员:"我附议甲的分割问题的动议。"

主持人:"有人动议分割问题。但由于本动议的每个部分都是相互紧密关联的,分割动议的动议因此是不合规的。"

有关分割问题动议的议事规则

(1) 只有在动议分割后的各个部分能够相对独立

自成一体的情况下,分割问题才是合规的;

(2) 需要附议;

(3) 需要多数票。

6.4 反对考虑问题

反对考虑适用于成员觉得把某项动议提交给会众讨论和表决是不利于整体利益的情况。本动议一般很少使用。

如下例所示:

成员 A:"我动议惩戒主持人上周向新闻界发表的有关人事缩减的言论。"

成员 B:"我反对考虑这个问题!"

主持人:"有人反对考虑这个问题。我们应该考虑这个问题吗?赞成的人,请举右手。反对的人请举右手。……反对者达到了三分之二,这个问题将不予考虑。"

注意:必须有三分之二或以上的成员投票反对才

能对动议不予考虑。

有关反对考虑问题的议事规定

（1）不需要附议；

（2）不可辩论，不可修改；

（3）需要三分之二的票数；

（4）必须在辩论开始以前提出，在问题已开始辩论后就不能提出反对考虑。

6.5　请求撤回动议

请求撤回动议使成员在会众同意下撤回自己可能由于匆忙或情况不明时做出的动议，这一工具节约了处理动议的时间。会议主持人通常使用一致同意的方式处理这一请求。

如下例所示：

一成员："主持人先生，我请求撤回自己刚才提出的动议。"

主持人："如果没人反对的话,这项动议将被撤回。(暂停)没有反对意见,动议撤回。"

6.6 恢复性动议

恢复性动议使一个团体能够改变主意。议事规则通常规定一旦一个问题已经做出决定,它们就不能在本次会议上重新提起。恢复性动议的设置是对这一规则的妥协。

在一定的限制条件下,如果成员认为他们的决定做得太匆忙,或者做决定时信息不充分,他们是有权重新考虑这个问题的。

使用最普遍的两个恢复性动议是废除和复议。

1. 废除

废除用来取消以前通过的动议或者使其失效。它可以作用于已经成立的动议、决议、章程等。

有关废除的特别议事规则

(1) 当某一问题已获通过并采取措施后(例如对于某个合同,合同对方已经收到正式通知),针对它的废除动议就是不合规的；

（2）必须得到附议；

（3）需要三分之二的票数。如果事先已有通知，则动议的通过就只需要半数以上票。

如下例所示：

甲成员："鉴于修建游乐场的财务影响，我动议废除修建游乐场的动议。"乙成员："我附议。"

主持人："废除游乐场的动议有效。废除动议需要附议，可辩论，并需要三分之二票数通过。有没有人需要讨论？（开始辩论。）现在的问题是关于废除已经获得通过的修建游乐场的动议。赞成废除动议的人请起立……反对的人请起立……废除动议没有得到三分之二的票数，因此不获通过。修建游乐场的动议仍然是本会的决定。"

2. 复议

复议动议旨在允许一个团体重新考虑关于一项动议的表决结果。它使成员中的大多数在一定的时间限制内,能够回溯到某项已经采取行动的动议,重新进行考虑。其目的是防止仓促或者在信息扭曲和缺失的情况下所采取的措施。

由于复议动议允许回溯并重新考虑已经做成决定的问题,自有其特定的规则约束,以防止被不满的少数成员所滥用。

3. 有关复议的特别议事规则

(1)首先,复议动议的规则限制提动议的人,复议动议只能由当时赢得投票的一方提出;

(2)有时间限制。这项动议只能在要被重新考虑的表决的同一天作出。在大会期间,它最迟在下一个工作日提出;

(3)需要附议;

(4)可辩论,并同时使适用的动议成为可辩论的;

(5)只需要半数以上的投票。

由于其时间限制,复议动议可以在其他事务未决时提出,以及得到附议。但是,在当前事务未完成以前,复议动议不能进行辩论和表决。

在复议的动议提出和得到附议之际,当暂停所有源自于原动议的处理。这是本动议的主要价值所在，复议动议应该在认识到其必要性后立即予以提出，以减少低效、徒劳、混乱和摩擦。

如下例所示：

甲成员："我动议我们复议本次会议先前得到通过的'聘任 ABC 公司提供成本估算的动议'。"

主持人："有动议要求复议关于聘任 ABC 公司提供成本估算的动议。我们的议事规则规定复议动议只能在当天或者大会期间的次一个工作日提出才是合规的，复议动议满足了这一时间限制条件。此外，动议还应由投票占优的一方提出。请问甲你投的是什么票？"

甲成员："我当时是投票赞成聘用 ABC 公司给我们提供服务的。"

主持人："那么此复议动议是合规的。有没有人附议？（有人响应。乙成员："我附议甲的复议动议。"）有人动议复议关于聘用 ABC 公司提供成本估算的动议，这一动议得到了附议。有人需要讨论吗？"

（也许现在大家发现 ABC 公司已经提交破产
申请。）

主持人："赞成复议关于聘用 ABC 公司提供成本
估算动议的人请举手。……反对的人请举手。……
赞成的人占多数，复议动议获得通过。因此，当前的
问题是，要不要聘用 ABC 公司来提供有成本估算。"

于是，先前的问题现在有重新回到现场。会众可
以对原来的动议进行修改等等，然后再重新进行投票
表决。

[第七章]

议事规则中的一些
权利和义务

7.1　组织章程的法定权利

1. 会籍的权利

一个会议组织有其当然的权利来订立和执行本组织的规则和纪律,以及惩戒违反它们的组织成员。除非规章中有明确的特别规定,对成员最重的惩罚莫过于将其开除出组织。如发生这类情况,组织应该公开声明某人不再是组织的成员。一般来说,组织在开除一名组织成员时都会避免公开其原因,无论开除的理由显得如何正当。因为这属于组织团体的内部机密,不少法律纠纷就是起于一些组织公开了它开除成员的原因,致使被开除的成员以侵权的名义起诉原属组织而获胜诉,给组织造成困扰和损害。这类教训值得大家记取。

2. 参会的权利

一个组织有权力决定谁有权利参加组织的部分或全部的会议。显然,一个组织的正式成员有权利参加该组织所有的会议,除非在组织规章对此另有明确的规定。例如,规章可以规定,拖欠了会费成员,其他方面的未尽义务,或者有明显冲突的利益之类,而不能够参加组织的会议。

组织的规章规定可以禁止非组织成员参加组织的任何会议,或在章程中明确具体的限制措施。

3. 把与会者逐出会场的权利

一旦会议通过决议,不允许某个人参加会议,会议主持人有权限来执行这项决议,可以请其他与会人员强行将此人驱离会场,但应该注意避免过于粗暴的手段,不能超出法律允许的限度。

4. 调查成员背景资料的权利

组织拥有合法的权利调查它的成员的背景资料,为此可以合理地要求成员配合作证。成员如果拒绝

合作,可以构成把他们剔除出组织的理由。组织通常

会责成某个常设机构来专门进行这类调查,并通过它

来制定合理合法的操作程序。

5. 要求缺席人员参会的强制规定

这种称作"强制参会制"(the call of the house)只

适用于组织章程中有此规定的会议组织(一般不适用

于自发和自愿性的组织)。当实行"强制参会制"的组

织开会时,与会者不足法定人数,出席会议的会众即

使是少数,也有权实施此规定,强制要求缺席者来参

加会议。

7.2　难度大的会议组织及其议事规则

经验告诉我们,一个组织的分歧越大、会众的共

识越低、会议涉及的议题引起的利益摩擦越多,会议

的组织和会务处理就越麻烦,因此对组织章程的遵守

和对议事规则的执行就越该严格。牢记对这条法则

的认识,并准备相应的措施将是很有用的,可以帮助

保护成员的正当权利,确保所有成员被公平对待,能

不受阻挠地充分表达各自的观点，并且能有效避免可能发生的失控局面。我们在下面例示一些有用的议事程序，目的是促进会议有秩序地进行，提高议事的公正性和取得积极的效果。

1. 反对考虑某个问题

如果认为一项动议具有潜在的煽动性，讨论它有蛊惑和扭曲组织成员的倾向，你可以明确表示反对大家在会议上考虑它。在这种场合，你必须在该动议提出后立即明确表达反对考虑它。反对考虑某问题的动议不需要附议，因此会议主持人可以立刻将考虑某问题的动议付诸表决。

如下例所示：

成员甲在动议 A 提出后立即动议说："我反对讨论问题 A。"

主持人说："大家认为需要在会上讨论问题 A 吗？"

如果与会成员以三分之二票表决通过反对考虑

问题 A,问题 A 将随即被剔除,并且不能在同一次会议期间被再次提出。

2. 封杀某项动议

当一项动议被提出并且确实如预期的那样,导致会众所不愿意看到的火爆纷争场面,会众可以动议直接进入投票程序来否决它。但这个策略的前提是大部分参会者都希望立即封杀该动议。通过直接进入表决程序来否决一项动议应该慎用,因为如果封杀不成的话,反而会引起更大的纷争,很有可能会使不和的紧张气氛更蔓延加剧,原有的积怨更加难以消解。

3. 杯葛某项动议

在不少的情况下,你不愿意将一项动议付诸投票表决,也许是你怕得不到足够的票数来否决它,也许是你不想遭遇该动议可能引发的无休无止的剧烈争吵。这时你可以使用一些手段和技巧把该动议剔除出讨论范围,包括诸如提出一个附属动议将原动议搁置、延后甚至无限期推迟考虑原动议,或者将其提交一个委员会做进一步研究,等等。

4. 遵守议事规则

当有人试图阻断会议的正常进程，比如，在别人拥有发言权的时候插话，或者当发言的时限已过却仍旧强聒不舍，你可以提出动议要求遵守议事规则（rise to a point of order）。事实上，这项动议适用于任何破坏议事规则的场合，当其他人已拥有发言权，或者当委员会成员在宣读报告的时候，甚至当有别的成员在扭曲玩忽，利用议事规则搞名堂。根据议事规则，你即使没有取得发言权也能提出这种动议：任何成员都可以要求会议遵守议事规则，只要确有违反议事程序的现象存在。提出遵守议事程序要求的时效很重要，在违反议事规则的问题发生时须不失时机提出，问题过后再提就为时过晚了。

如下例所示：

成员甲："我动议我们必须遵守议事规则。"

会议主持人会让甲来解释他认为遭到违反的是哪项议事规则。此时甲必须指出他提出动议的具体原因:"我认为他违反了议事规则中的……"

几乎没有例外,议事规则被违反的动议是否成立是由会议主持人来裁定的,无需经过辩论和表决。要求遵守议事规则的动议不需要附议,并且是不可辩论和不可修改的,它的优先级高于任何当前待决问题,但低于优先动议。

5. 有关成员个人的权利

如果发生滥用言语攻击或羞辱会员的情况,或者你的本意和诚信遭到曲解质疑,作为成员你可以提出要求尊重成员个人权利的动议。尊重个人权利的动议可以在别人已经拥有发言权时提出并直接向会议主持人陈情。

如下例所示:

成员曾先生:"我提出尊重个人权利的动议。"

接下来曾先生需要简要解释问题所在,并要求予以纠正。会议主持人通常应立即采取行动来纠正错误。

主持人:"曾先生请陈述您的问题。"

曾先生:"主持人先生,我不认为陈女士继续对我进行人身攻击会对解决问题有任何帮助。"

主持人:"陈女士,我们必须要求你停止对曾先生的攻击,这有违本会的章程。"

如果问题非常严重,以至于曾先生认为大会应该采取联合行动,他可以提出一个寻求赞成的动议,其他会员可以通过表决来决定是否给予他支持。

如果受到违背议事规则影响的不止个别成员,可以提出要求尊重公众权利的动议。例如发生有人打断会议的正常进行、当别人发言时有人大声交谈和喧哗,甚至在会场内随意走动,成员可以提出尊重公众权利的动议。其提出的方式与上述的尊重个人权利动议的相同。

7.3 参会者的角色和职责

1. 会议主持人的职责

一次会议能否有序进行,事务处理能否做到公正

而有效果,会议主持人的角色非常关键。要使会议开得真正有效,会议主持人必须要能做到:

- 公正无偏私

- 持重沉稳,即使在最大压力之下

- 能够洞察即将发生混乱的局面,并立即采取断然措施维持正常秩序

- 确保与会人员拥有平等的发言权,并谨防发言被无故打断

- 把辩论限定在当前问题

- 保证所有的发言只对主持人发表

- 防止与会人员之间的人身攻击,尤其在紧张的氛围下严禁肢体冲突

- 有充分的自控能力不使争论升级为冲突

- 面对挑衅性的发言始终保持镇定

2. 其他与会人员的职责

要能使会议和事务处理有序展开,当然不仅仅是主持人个人的责任,所有与会人员都有责任帮助维护会场秩序。总之,要经常牢记"己所不欲,勿施于人"的黄金法则。

对于任意破坏会议秩序和议事规则,且屡教不改的人,在善意规劝无效果的情况下,必要时可以根据议事规则来进行惩戒。惩罚的方式可能包括勒令其道歉、对其惩戒、褫夺其发言权、将其逐出会场、勒令罚款,等等。惩罚措施可以通过多数票表决来确定,开除出组织的表决则需要三分之二票通过。

7.4 怎样对付专擅的会议主持人

如果违反议事规则的恰恰是会议主持人,其他参会者将如何对付呢?这个关键人物的独裁专断,往往是组织涣散、法纪荡然、议事规则遭破坏、团体宗旨被扭曲、会议无序的主要隐患。首先,会众应该注意判断会议主持人是否称职甚至专擅自私的人。

1. 专擅的会议主持人的品性和行为特征

- 排斥或不尊重参会者
- 无视会议纪律和议事规则
- 对申诉置之不理
- 拒绝表决合规的动议

- 拒绝对动议做合理修正

- 无故打断正常辩论

- 独霸发言权

- 违反组织章程

- 拒绝服从大多数成员的意愿

- 不愿保护少数的正当权益

- 对成员傲慢无理

- 任意改变或偏离会议议程

- 滥用职权,例如违背会众意愿强令休会,等等

如果会议主持人明显有上述倾向,哪怕是其中的一部分,那么他很可能就是一个专擅独裁的会议主持人。

2. 怎样对付滥权违背议事准则的会议主持人

稍有涉世经验的人都知道,怎样应对一个专断偏私的会议主持人——往往是一个组织的头头或资深权威人士——是一件非常挠头的事。

在议事规则里有多种设计来帮助摆脱这类困局。除了在会议外可以采取的沟通、劝说、交涉等运作,在会议中,成员可以针对主持人违反议事规则或公正原

则的行为提出合规问题(a point of order)，或提出不信任动议，甚至提出惩戒，来制止主持人滥用权限的行为和趋向。

不信任动议在会议中提出需要附议，是可以辩论和修改的，需要多数票通过。比不信任动议更严厉的措施是对主持人进行惩戒。在通常的纠偏措施不足以纠正主持人错误的严重情况下，惩戒动议作为纠偏的工具同时也表达了会众的不满、愤怒和谴责。惩戒是一个强有力然而非同寻常的行动，它的提出需要经过缜密的考虑，因而也受到更严格的规则限制。惩戒动议提出并获得附议后，是可以辩论和修改的。在一般情况，主持人应该尽量不介入辩论而以维持秩序和公正为重。但是在有可能成为惩戒对象的场合，主持人可以履行自己作为组织成员的民主权利，在惩戒动议的辩论中为自己积极辩解。不过由于存在着利益冲突，主持人不宜再主持表决程序，而应改由副主持人来主持；如果副主持人不在或不愿的话，表决可以由书记官来主持；如果书记官也不愿意卷入，表决将由惩戒动议的动议人来主持。

当主持人一再滥权，违反议事规则和罔顾组织信托的诚信原则，那么团体也可以考虑撤换的程序。这是一种断然措施，只适用于极端的情况，对此议事规则也有相应的规定。主持人的撤换要合规，首先得按照组织的章程办理。

组织为了应付这类极端状况，在章程里会有正式的规定，比如规定"主持人任期为×年，或至其继任者由选举产生为限。"在这样的规定下，主持人的任期就可能被缩短，并由新选举产生的继任者代之做完任期。这个决定需要三分之二的票决。

如果章程对缩短主持人任期没有明文规定，那么大会可以采取的措施为：

• 修改章程，这需要三分之二的票数才能通过，然后再来设法约束现主持人的任期；或者

• 启动正式的审理程序，以决定是否有充分的理由撤换主持人。包括正式通知，提出撤换的正式理由，组成正式的专门委员会进行调查。专门委员会彻查之后将提出调查报告，并提出由每个委员签署的结论。如果报告的结论认为撤

换的理由不充分或不成立,那么撤换的提案就
告终,主持人得以恢复其职位并履行职责。假
如报告发现撤换提案有充足的证据能够成立的
话,那么调查委员会将建议组织对此案进行审
理。在调查期间,主持人作为接受调查的对象,
将被暂停其职权和作为组织成员的其他权利,
直至调查完毕。调查报告须提供具体的证据,
来支持它的结论。当组织接受委员会报告决定
审理撤换提案,那就需要正式举行会议并给予
受审理对象具体的理由及充分的准备时间来为
自己辩护。举证、对簿、辩驳、裁判等类似法律
的程序就会被采用,以确保成员的应有权益和
审理过程的公正透明。

上述的程序也可以用于惩戒团体的其他成员,甚
至取缔任何成员的组织会籍。这些严重事件都需要
按正规严肃的程序进行处理。

所幸的是,议事规则提供了不少方法来维持会议
秩序和组织团体内部的文明礼仪,避免人们因利益摩
擦引起的法律纠纷。总之,使会议有序进行的最有效

的方法之一，是制定规章明确阐述会议的宗旨和程序，务使所有成员都得到公正的待遇。当全体或至少大多数成员感到自己得到了公平待遇，会议期间发生冲突的可能性就大为降低。

议事规则的 12 条基本原则
（极简版）

　　为了方便大家的理解和操作,我们把《罗伯特议事规则》的精义提炼出来,列为下面的 12 条原则。

第1条　动议中心原则

　　动议是开会议事的基本单元。"动议者,行动的提议也。"会议讨论的内容应当是一系列明确的动议,它们必须是具体、明确、可操作的行动建议。先动议后讨论,无动议不讨论。

第2条　主持中立原则

　　会议"主持人"的基本职责是遵照规则来裁判并执行程序,尽可能不发表自己的意见,也不能对别人的发言表示倾向。(主持人若要发言,必须先授权他人临时代行主持之责,直到当前动议表决结束。)

第3条　机会均等原则

任何人发言前须示意主持人,得到其允许后方可发言。先举手者优先,但尚未对当前动议发过言者,优先于已发过言者。同时,主持人应尽量让意见相反的双方轮流得到发言机会,以保持平衡。

第4条　立场明确原则

发言人应首先表明对当前待决动议的立场是赞成还是反对,然后说明理由。

第5条　发言完整原则

不能打断别人的发言。

第6条　面对主持原则

发言要面对主持人,参会者之间不得直接辩论。

第7条　限时限次原则

每人每次发言的时间有限制(比如约定不得超过2分钟);每人对同一动议的发言次数也有限制(比如约定不得超过2次)。

第8条　一时一件原则

发言不得偏离当前待决的问题。只有在一个动议处理完毕后,才能引入或讨论另外一个动议。

(主持人对跑题行为应予制止。)

第9条　遵守裁判原则

主持人应制止违反议事规则的行为,这类行为者应立即接受主持人的裁判。

第10条　文明表达原则

不得进行人身攻击、不得质疑他人动机、习惯或偏好,辩论应就事论事,以当前待决问题为限。

第11条　充分辩论原则

表决须在讨论充分展开之后方可进行。

第12条　多数裁决原则

(在简单多数通过的情况下)动议的通过要求"赞成方"的票数严格多于"反对方"的票数(平局即没通过)。弃权者不计入有效票。

[附录2]

议事规则术语表
（按中文首字的拼音排序）

中文译名	英文名	简　介
报告	Report	一位官员或者委员会对已执行工作的书面或者口头陈述。
被否动议	Lost Motion	在辩论和表决后未被采纳的动议。
辩论	Debate	对一项动议是否可取的讨论。
表决	Vote	团体决定采纳或否决某动议并采取相应行动的程序。
表决动议	Motion on voting	要求对某问题进行表决的动议。
不合规	Out of Order	违反议事规则。
不可辩论的动议	Undebatable Motion	此类动议得到提议后直接进入表决对其将采取的行动，无需及不可对它进行讨论。
财务官报告	Treasurer's Report	通常由组织的财务官提出的财务报告。
裁定	Ruling	由会议主持人做出的决定。
采纳	Carried	一个动议获通过。
仓促行事	Railroading	很快推进一项动议的处理，以至于成员没有机会行使议事规则应当有的权利。

常设委员会	Standing Committee	有固定办公场所和例会制度的委员会，执行和处理章程中规定的，或社团、董事会/理事会、主持人指派的其职责范围内的任务。
撤销动议	Withdraw a Motion	要求撤销已提出的动议。在主持人陈述该动议之前提出动议的人可随时将其撤销；主持人在会上陈述之后，提出动议的人再要想撤销它就必须得到会众同意。
成文法	Statutory Law	由立法权威机构颁布的法规。
成文法规	Statute	由立法权威机构通过的法规。
程序动议	Procedural Motion	一项动议，只对程序做了陈述，区别于实质性的建议。
代表大会规则	Convention rules	代表大会规则所需的一些特别议事规则，如代表和候补代表的座位安排、发言时间限制、非成员与会者的权利，等等。过半数表决可通过或者暂缓这些规则。
代理	Proxy	一项签署的声名，授权某人代表签署人投票。也可以指代表别人前往参加投票的人。
带限定的动议	Qualified Motion	一项动议，通过添加修饰词或生效条件在某种程度上对它的效力进行限定或修改。例如，"我提议休会至四点钟"。
待决的	Pending	正在讨论尚未有决议的。
待决事项	Pending business	正在处理中的事项。

待决问题	Pending Question	由主持人最近陈述的一项动议。
单一候选名单	Single Slate	一个内容包括职务和候选人的名单，每个职务只有一个候选人。
当然成员	Ex-Officio	因为担任组织的常务工作而当然地（不需选举或指派）成为委员会的委员。按章程的规定，他们可以享有一般成员的权利，如提出动议和投票等权利，却无需承担相应义务。
敌意修正案	Hostile Amendment	与原动议的精神或者目标意见相反的修正案。
点名	Roll call	对社团成员的点名。
动议	Motion	供采取某项行动或表达团体某种意愿的提议。
动议的优先级顺序	Precedence of Motion	不同种类的动议被考虑和处理的先后顺序。
动议提出	Proposal or Proposition	对某项动议的想法和行动的说明。
动议优先级	Rank of Motion	不同种类的动议被考虑和处理的优先级别，和 Precedence of Motions 相同。
对动议的处理	Disposition of a Motion	指以表决、委托给委员会、推迟或其他方式对某项动议做出处理。
过半数	Majority	出席会议并参加表决某动议的半数以上的成员。清点票数时不计算未出席的成员。
过半数表决	Majority Vote	超过有效票数半数以上。

过半数原则	Majority Rule	由实际参与投票者的多数票决定，而非所有可投的选票的多数。
多重候选名单	Multiple Slate	一个内容包括职务和候选人的名单，其中有些职务有多个候选人备选。
发言权	Floor	得到允许在会上发言。
法槌	Gavel	一种小槌子以象征主持人的权威，主持人通常用它锤一两下来宣布开会和闭会。
法定人数	Quorum	合法处理事务必须到场开会的人数。
反对	Objection	否定某动议的意见或行动。
反对票	Negative Vote	反对当前动议的投票。
放弃得到通知	Waiver of Notice	放弃在规定时期内得知会议通知的权利，以便临时或紧急会议能够在短时间内召开。
非公开会议、闭门会议	Executive Session	只有会员或特定成员参加的非公开会议（亦称 Closed Session）。
非营利组织	Nonprofit Corporation	运营不以营利为目的的社团，成立目的是为了伦理、道德、教育或其他公益的考虑。
非正式考虑	Informal Consideration	在考虑和讨论某项动议时不受通常的辩论限制。
废除（或取消）	Rescind	要求使以前会议的表决结果归于无效的动议。该动议虽然可由任何成员提出，但提出的前提是该表决结果尚未采取任何行动。废除动议需要三分之二多数票通过。

分拆动议	Divide a Motion	将一个内容纷杂的动议拆分为若干个相对独立的部分来考虑,而不再视其为一个整体,以便帮助与会人员更清楚了解待决动议,从而提高议事效率。
分开动题	Division of the Question	一个动议被分拆成几个部分分别讨论和表决,就像它们是几个独立的动议一样。
分立重新表决	Division of the Assembly	当对表决结果有疑问的时候,要求会员分别起立(即赞成的先起立,如有必要则计数,请坐,然后反对的再起立,计数,请坐)重新表决,它可以由主持人或个别代表提出。
辅修正案	Secondary Amendment	针对一个主修正案所提出的修正案。相对"主修正案"而言,后者是针对主动议所提出的修正案。
附议	Second	有第二者同意对一项动议进行考虑。
附则	Proviso	会议章程中的一项约定,通常是说明章程生效的日期和具体时间。
附属动议	Subsidiary Motion	为辅助处理某个主动议而提出的一类动议。
暂停	Lay on the Table	要求把某主动议及其所有待决的附属动议暂不处理的附属动议,目的是推迟对它们的处理和表决。暂停并不意味着终结对该问题的考虑。该动议不需要附议,多数票通过。

公众集会	Mass Meeting	没有正式成员名册及预设会议规则的群体会议。
固有权利	Inherent Right	不需要他人授予的当然权利。
规则暂停	Suspension of the Rules	投票暂时停止一项规则,以阻止大会采取某项特别行动。
合格成员	Member in Good Standing	社团内任何履行了成员义务并且没有主动要求退出或者被强行开除出社团的成员。
合规	In Order	符合议事规则。
恢复动议	Restorative Motion	一项主动议,内容涵盖了之前已经处理过的动议。
恢复讨论	Take from the Table	将以前被搁置的动议重新拿回到会议来处理。该动议需要附议,简单多数票通过。
会前通知	Previous notice	会议召开之前以书面形式通知将提出某动议。
会议	Meeting	一个团体聚集起来商讨和处理事务。
会议(大会)	Assembly	一个群体通过聚会商讨事务的形式。
会议纪要	Minutes	一个会议的正式书面记录。
会议召集函	Call of a Meeting	在会议召开之前发给成员的书面通知,包括会议时间、地点以及会议期间拟讨论的议题。
成员	Member	一个社团的正式成员。
会员权益问题	Point of Personal Privilege	当会员在会场上感到不适、危险、秩序混乱等状况时提出的优先动议,要求主持人立即予以关注并纠正。

计票员	Tellers	被推选参加统计票数的人。
接受报告	Accept a report	采纳一份报告(而不仅仅是形式上收到),意味着会议认可报告中的每一个字,所有的事实、推理和建议。
经决定	Ordered	社团经投票决定。
迳付表决	Previous Question	要求结束某个动议的辩论并立即把它付诸表决的附属动议。提出该动议需要附议,不可辩论,需要三分之二多数票通过。
决议	Resolution	经会议议决的正式动议。
可辩论的	Debatable	指一项动议是可以辩论的。
口头表决	Voice Vote	当就一项议案进行表决时,主持人往往首先提出口头表决的动议,要求赞成者说"是",反对者说"不",再根据声音判断动议是否获得多数赞成。
快速处理列表	Consent Agenda	一次会议议程的例行部分,为了加快解决那些大量的、但又是例行的、一般不会有什么争议的事务而使用的一种手段。所有会员对这些事项的列入视为惯例。如有人对其中的任何事项有异议,则该事项恢复正常处理方式。
扩展辩论	Extend debate	增加某议题的辩论时间,或放宽对每位成员发言的限制。

累积投票制	Cumulative Voting	在有两个以上职位空缺时,一个投票人可以给某一个候选人投若干票,即把自己的投票权累加给一个候选人。得票超过所有投票数的一半,就算过半数。经常适用于企业董事会的选举。
礼仪	Decorum	处理一项动议所应采取的正确态度,包括避免攻击他人的动机,言论仅对主持人而发,避免对与会人员直呼其名,避免对本人提出的动议唱反调,避免扰乱会场秩序,等等。
理事会或董事会	Board	通过选举或委任组成的行政管理人员的正式集合,拥有特别授权为一个社团制定相关规章和政策。理事会具有会议的形式,性质不同于委员会。
例会	Regular meeting	定期召开的,处理常规事务的会议。
临时的	Pro Tem	临时性的。
偶发动议	Incidental Motion	一类动议,由当前待决动议的处理过程中出现的规则问题引发,不涉及当前待决议题的具体内容。
批准会议纪要	Approval of Minutes	通过会员投票或者一致同意的方式正式采纳(前次)会议的纪要,使其成为社团的正式文档。
票决	Ballot Vote	以书面投票进行无记名表决。

平局（或平票）	Tie Vote	双方票数相等的表决结果。
企业或社团法人化	Incorporate	成为一个合法的企业或社团,由政府机构许可,受法律保护享有特定的权利并履行特定的责任和义务。
弃权	Abstain	在表决中放弃投票。
切题	Germane	与当前待决动议的处理直接或密切关联。
全票通过	Unanimous Vote	无反对票通过。
全体委员会	Committee of the Whole	一种设置,使会议得以按委员会的规则来运行,其约束性相对不那么严格。
让先	Yield	有时已取得发言权的人必须将发言权让渡出来,因为有优先级更高的动议提出后,其他的事务按议事规则得先行处理。
任期	Term of Office	某人被选举或者指派从事某职务的服务期限。
三分之二表决	Two-Thirds Vote	必须获参加表决人数的三分之二赞成才可以通过的规则。
少数	Minority	出席会议并参加某议题表决人数的半数以下。
申诉	Appeal	某人或某团体认为议事规则中存在错误因而对主持人的裁决提出质疑。申诉必须得到附议。主持人的原裁决可由多数票或平局维持。
胜方	Prevailing side	意见得到采纳成为会议决议的一方。

实质性 动议	Substantive Motion	一项动议旨在处理某件具体事宜,而不只是针对程序上的问题。
授权	Delegation of Authority	委托人/机构委托受托人/机构对某些特定法律事务或可被代理的事务以委托人的名义进行处理。
选票	Ballot	书面投票,用以保密成员的表决意见。
临时会议	Special Meeting	旨在于讨论一个或一系列特别事务的会议,只有那些在会议通知中列明的事项才能上会讨论。
临时委 员会	Ad-Hoc Committee	针对某事项的处理或某问题的解决而设立的临时委员会,一旦任务完成该委员会即告解散(亦称 Special Committee)。
委托	Refer	把一项动议交由委员会去处理。
委托委 员会	Refer to Committee	把动议交由一个委员会去处理。
提名	Nomination	正式提出某人作为候选人的动议。
提请表决	Putting the Question	将动议付诸投票表决。
替代动议	Substitute Motion	修正案的一种形式,是同一事项的不同解决方案,同原动议共同作为备选项。

听证会	Hearing	一个权威认可机构的会议，目的在于就某个特别议题听取会员或其他人的意见。
通过	Adopt	会议赞同一项动议而且将采取相应行动。
投票质疑	Challenging a Vote	对投票结果(当场)提出质疑。
改期	Postpone to a Definite Time	将对当前待决动议的讨论推迟到未来某个时点再来考虑。到那时，该动议能以未竟事项重新被提出考虑。
拖延战术	Dilatory Tactics	以辩论规则来拖延或阻止会议的正常进展的技巧或滥用。
未完事务	Unfinished Business	在前次会议没有得到解决的事项，包括被推迟至本次会议来处理的事务。
指派	Appoint	任命委员会或指派成员任职。
委员会	Committee	由选举产生或由组织指派的一个群体，对某事项进行处理。与理事会不同，委员会不具有会议的形式。
议题	Question	常与动议互用。
搁置	Postpone Indefinitely	间接反对考虑当前待决动议的一种附属动议。如获通过，遭推迟的动议在本次会议期间就不能再次被提出。
无效投票	Illegal Ballot	因违反投票规则而不被计入的投票。
优先级顺序	Precedence	事务得到考虑和处理的顺序规定。

先例	Precedent	已经发生过的一系列事件，可以作为一个社团处理未来类似事件的参考或者惯例。
限制辩论	Limit Debate	限定与会人员辩论的时间和次数的附属动议。
限制辩论	Restricted Debate	把某些动议的辩论内容限定在几个论点上。
相对多数	Plurality	在有超过两个选择时，采纳得票最多（即使没有超过半数）的选择规则。
相对多数选举	Plurality Vote	当有三个或以上选择时，最受赞成的选择所获得的票数，相对多数可能不超过半数。
新事务	New Business	首次提出要求处理的事务。
信息问题	Point of information	要求多了解某动议或方案的背景资料和相关信息的偶发动议。信息问题动议可以随时向主持人提出，具有"咨询"性质。
休会	Adjourn	正式结束一次会议。休会可以通过直接投票或者一致通过来实现，是不可辩论的动议。
休息	Take a Recess	提议在会议进行期间进行短暂休息。
休息（会议中）	Recess	开会时间较长时中间短暂休息。
修改	Amend	一项动议以改动待决的动议或方案。
修正案	Amendment	对另一个动议的修改方案。

修正案的 修改	Amend the Amendment (Secondary Amendment)	一项动议，对修正案进行再次修改。必须先表决此动议，才能再对修正案进行其他修改。在同一次会议期间对某个修正案的修正案不能再进行修改。
需亲自履 行的责任	Discretionary Duty	由于种种条件的限制而不宜委托他人代行的某项责任。
选举质疑	Challenging an Election	认为选举程序有问题而对选举结果（当场）提出质疑。
延续会议	Continued Meeting	规定在未来一个具体时间继续召开的会议。延续会议按理是原会议的组成部分。
要求	Demand	成员按议事规则对其会议权利的主张。
一次会议	Session	一个组织，为了达到某一目的而开展工作的一个完整过程，一般要由一次或者若干次会议组成。（在会议实践中与会议的称谓有混用的现象。）
一致同意	Unanimous Consent	以无异议的形式通过一项动议，也称为"全体同意"（General Consent）。
议程	Agenda	在一个会议期间需要处理的事项列表。
议程	Order of the Day	要求会议遵循既定议程进行的优先动议。
议程时 间表	Program	一个特定会议的议程，包括议题的处理顺序、发言时间、用餐时间和其他公共事务等的安排。

议会	Congress	正式而有权威的会议，如美国的众议院。
议事程序	Order of Business	议程所定出的事项处理顺序。
议事规程	Parliamentary Procedure	使会议能够公正民主进行的一整套规则安排。
议事规则标准	Parliamentary Authority	一个社团在其章程中特别明文规定的议事规则的范本，用以应对章程中未能一一详细规定的事宜。
议事规则咨询	Parliamentary Inquiry	针对议事规则提出的质疑，通常由会议主持人立即给出回答。
优先动议	Privileged Motion	要求对紧迫而重要的问题进行优先处理的动议，它们可以打断任何正在被处理的事项。
优先级	Rank	议事规则所规定的问题得到考虑和处理的先后顺序。
优先选票	Preferential Ballot	在选票中投票者提供了多个选择，按先后顺序排列。当第一次选举由于候选人没得到多数票而无法确定选举结果的时候，可以再考虑选票中列出的其他候选人，而没必要重新开始一轮投票。
有效选票	Legal Vote	符合法定人数出席的会议中的有效投票。
赞成票	Affirmative Vote	回答"赞成"以支持一项动议。
赞同	Consent	亦称为无异议通过或一致通过，这种通过不需要进行正式表决。

章程	Bylaws	团体所设计或选择的组织基本规则（并非指议事规则）。
章程修订	Revision of Bylaws	对章程的修改。
召集	Convene	组织一次通常是有规模和正式的会议。
整体结束辩论	Previous Question in its Entirety	要求结束对一个主动议（包括主动议以及所有待决的附属提议）的辩论的附属动议，需要三分之二多数通过。
证书	Charter	政府权力机构授予的社团运行的授权书，或者由母社团授予的以其子社团形式运行的授权书。
程序问题	Point of Order	质疑主持人或其他成员在主持会议的过程中犯程序性错误时提出的优先动议，用以纠正错误。它必须在错误发生的当时立即提出，为此可以打断会议进程。主持人可以裁定秩序问题动议是否有效，对此会员可以再提出申述。
动议的重提	Renewal of Motions	将之前在会议中被否决的动议再次提出。
重议	Reconsider	要求重新考虑之前已获通过的动议，如必要将再次表决。该动议只能由在以前的表决中获胜一方提出。对同一个动议至多只能重新考虑一次。
逐段考虑	Seriatim	对问题的书面文本的逐段处理。

主持人	Chair	会议主持人。
主动议	Main Motion	引入某事项让会众讨论、处理及采取行动的提议。
主修正案	Primary Amend-ment	针对一个主动议而提出的修正案,这是相对"辅修正案"而言的,后者是针对主修正案提出的修正案。
准许发言	Recognition	由主持人正式地确认某成员独有发言权或者陈述某项动议的权利。
自填选票	Write-in Vote	选票,将未被提名的候选人名字写入。
要求遵守议程	Call for the Orders of the Day	一个优先动议,请求会议按照既定的议程来执行。

[附录 3]
实践案例

　　孙涤和袁天鹏为了推广议事规则在中国的实践，在北京大学的国家发展研究中心的 EMBA 课程讲授该课程已经有六年了，其间袁天鹏更在许多企业、各类机构、多所院校做了大量的制度设计和普及工作。下述的两个案例是与学员们的互动中提炼出来的，由袁天鹏主笔编写。

实践案例 1　吵而不破的股东们

　　前文介绍了现代组织议事规则的一些主要理念和规则，下面我们将从实践的角度来分析议事规则的一些应用案例，并讨论议事规则如何中国化。

　　在公司企业里，议事规则实际上有两个层面，一个在治理层面，一个在管理层面。在治理层面，要解决的是企业的责、权、利关系的界定、分配和互动，面对的是股东大会、董事会、合伙人会议等具体的治理结构会议，其典型特征是"平权性"，例如股东会上一股一票（不同的股东代表的股数不同），董事会的某些决议则是"一人一票"。治理机构要解决的是股权结构、利润分配、战略方向、高管聘用等重大决策。在管理层面，则要解决企业的执行效率和质量等问题，面对是高管决策、部门、团组、运行分析等类型的会议。管理的典型特征是所谓的"科层制"，金字塔形的架构，旨在执行、达成目标。每个层级的负责人要对执行的结果负最终的责任，根据权责对应的原理，也就应该有相应的决策权。但是，正如我们上面谈到的，这并不妨碍负责人应用议事规则来集思广益、群策群力，从而提升决策效率。

这里先举一个董事会怎样议事做决定的例子。

我们咨询辅导过一家中小企业，2007 年白手起家，2010 年它的收入已近 4 000 万。当初是四个兄弟邀请一位行业前辈，五人联手开始打拼。最早的发起人 B 先生一开始就认识到了议事规则的重要性，邀请笔者给予指导，并得到了另外两位创始人的认同，其他两位也未表示过反对。于是创始之初该公司的章程制定、议事规则确立等基础构建，就是按照"罗伯特议事规则"来设计的。笔者受邀担任股东会议和董事会议的主持人，中立地主持议事规则，并在贯彻议事规则的同时努力讲解为什么要制定议事规则，其背后的理念和价值对于长久合作为什么是必需的，从而培育企业的治理文化。

作为一个典型的中国式的草创企业，传统的合作套路和议事规则引入的现代合作理念会有不少碰撞，这很自然。

传统的套路喜欢背后"点对点沟通"——A 对 B 不满，跑去找 C 说"B 怎么这样？"可是在会场上大家却只是维持表面和气，忍着不说。矛盾于是积聚，待到忍无可忍时才到会场上爆发，拍桌子瞪眼睛地拧着来！

议事规则促使着每个人能把矛盾摆到桌面上，讨论的不是你长我短，不是情绪宣泄，而必须是解决问题的"动议"。议事规则保护你的私人权益，同时也要求你担负起"问题解决者"的责任，因为你自己就是

"主人"啊！你必须对不满的事情提出明确、具体、可操作的解决方案。你若提不出解决方案，或者你的解决方案不能得到足够多的理解和支持，抱怨又有何益？把动议摆上桌面，运用议事规则来说服、修改、妥协，把各方的诉求都包含进来，放弃那些确实不能赢得多数认同的诉求。不断重复这一过程，及时揭示和化解矛盾争议，才不会导致最终的分崩离析，这就是"吵而不破"的奥妙。

　　议事规则的奥妙渐渐在潜移默化中为大家理解，但是传统的惯性仍然很大。合作一年多之后，股东会和董事会曾一度简化甚至暂停，传统的"点对点地交流"的做法再度占了上风。随着业务的发展，在那位前辈协议和平离开后，几位合作者之间的关系越发错综复杂起来，"思想工作"的方法已不再能平息尖锐的矛盾。这时多数人又开始觉得，需要回到"议事规则"的轨道上来。

　　于是他们又重新邀请笔者，正式恢复董事会议和股东会议。此时的场面矛盾已经相当激化，"各起炉灶"不时冒出嘴来。不过仔细盘算之后，大家又发觉，合作的收益可能更大。

　　Y 先生是企业最主要的利润创造者。他的问题是,虽然他高度认同规则,却常常会情不自禁地随机应变,理念和行动常不一致。这种现象在企业文化转型中是很普遍的。

　　Z 先生是 Y 先生的主要挑战者。他的问题是抱怨多,动议少,遇到 Y 违反规则时不能靠动议来纠正他,而只是抱怨,进而在涉及重大利益的其他表决中也一味反对 Y。

　　B 先生主要扮演调和的角色,能够让利,在合作上能坚定推动要做成"百年老店"的理念和模式,但苦于其他人在理念和行动上无法与他同步。

　　W 先生则是一位务实的生意人,注重合作,尊重规则,注重切实的利益,避免情绪化的干扰,不过他参与企业的事务相对较少。

　　就这样一个简单的四人结构,已经是中国式合作的典型缩影。

　　笔者被邀请回来后,首先面对的是利润分配的问题。这是一个股东会层面的议题,它最终需要四个股东以一人一票的方式来表决通过（企业的股权结构细节从略），不过麻烦很多。一方面，没人能提出一个明确、具体、周到的方案。所提的方案过于粗糙，无法仔细平衡错综复杂的利益关系；另一方面，Z反对别人提出的任何方案，而他自己的方案又过于极端；还有，B希望折中Y和Z的想法，尽可能想撮合Y和Z趋于背道而驰的想法，担心无论"偏向"谁，都会导致进一步的分裂。就算最后能以3：1的结果来强行通过一个方案，那个反对者也会认为受到不公平的对待，愤而拆台，甚至另起炉灶。

面对这个棘手的局面，笔者努力分别与各方做了几轮的沟通，先搞清楚每个人心中的期望，同时用其他人的观点加以挑战，帮助每个人周详考虑自己的观点，引导他们着眼于形成具体的动议。在此过程中，笔者反复强调创新、折中、妥协的理念，分析合作的优势，提醒他们的方案要能够赢得多数的支持，必须同时考虑别人的诉求和调整自己的期望，并修正所提出的方案。

正式的董事会议开得很激烈，开了几次才进入最终的表决。在传统思维的惯性下,情绪宣泄不断突破规则而出,因此笔者不得不在主持工作中逐渐收紧议事规则。刚开始,一些情绪的表达虽然有跑题和人身攻击的问题,但还不太明显,所以笔者作为中立的会议主持人,并没立即制止,而只是加以提醒。有趣的是,以前播下的议事规则的种子已经在这家企业生根发芽,即使是情绪性的表达,也是逐个发言,很少互相打断。

接下来推出的动议(主动议)立刻受到了Z的反对。于是主持人(即笔者之一)敦促Z提出他自己建议的修正案,并对修正案展开辩论和表决。这时争取的是让修正案通过,把它融入到主动议中;修正案被否决的话,则主动议将维持不变。即使Z提的修正案比较偏激,会议也沿着他的修正案的思路进行讨论,争取进一步的完善,直到推导出一个显然不合理的结论,大家才通过表决来否决Z的修正案。此时,Y提出了明显有利于他自己的修正案;B也提出了修正案,以便实现他的理念。这些修正案有的被通过,有的经过调整后得到通过,有的则被否决了。在反复的调整中，方案越来越成形，接近到各方都可以接受的局面，虽然每个人都会有失有得。可这时大家的争执反倒更激烈了，辛辛苦苦辩论出来的方案，眼看就有流产的危险。

笔者仔细观察后发现，其实大家的分歧只在几个百分点之间。这几个百分点所对应的利益金额按理来说，早已不是什么大不了的，说不准他们彼此争的，只是个面子？在休息时笔者与大家闲聊起来，不经意地强调了这一点。

休息之后大家继续辩论。按照议事规则，既然提不出新的修正案，也没有新的观点需要表达，发言次数也已用尽，那就该进入表决程序了。于是大家先对修正案进行表决。这时 Y 出人意料地做出了明显的让步，就在几个百分点之间，于是大家取得了折中。

终于到表决整个方案的时候了，Z 还在申诉着他的一些不满。有趣的是，在主持人问到"所有赞成通过这个方案的请举手"时，四个人全都举起了手。大家都松了一口气，主持人建议大家鼓掌庆祝这一成果，这时每个人都露出了笑容。

　　这个过程当中,大家感受到了彼此的诉求,通过修正案把诉求明确,通过辩论理解别人的立场,通过表决达到多数人的共识。在不断的表决中,大家互有收获,也清楚了最后的方向,更确定了合作的必要性,最后表决时作出了理性的让步。这正符合坚决地主张,积极地妥协的议事精神。议事规则帮助大家避免陷入盲目的争吵,又能把矛盾摆在桌面上深入谈下去。不再是表面和气下的背后算计,也不再是忍无可忍后的骤然爆发,而是趋近了"吵而不破"的境界。

　　最后补充一点,在一个企业内推行议事规则需要有关键人物首先产生觉悟,本案中的 B 先生就是这样一个关键人物。我们当然强调"法治",反对"人治",但不能忽视的,在法治的落实中是离不开"人"的作用的,因为最终落实规则的还是"人",这就需要扭转人的观念,而能够推动多数人转变观念的往往是有影响力的人。B 先生是最早的发起人,他的主张因而受到重视,两位进而支持,另两位没有反对,这就形成了一个多数认可的局面。

　　读者在尝试应用议事规则到自己的实务时请注

意,"罗伯特议事规则"不是一种强制性规则,它应用到具体组织机构的运作和议事会议的决策,需要得到多数成员的认可才能奏效。

实践案例 2　议事规则在公司治理中的作用和地位

　　这是一家服务型企业,人力资源部聘请了外部的咨询师制定出一份薪酬管理制度,总经理召集了二十几位员工代表来提供反馈意见。薪酬管理制度涉及每一个员工的利益,这是大家最关心的一个问题。总经理在这里有一个"双重身份"问题,一方面她在很大程度上是代表企业行政方发出声音,而另一方面,总经理本人也是一个雇员。

　　在笔者担任主持人的这场会议中,无论是总经理、部门经理还是基层员工,虽然级别和岗位不同,导致诉求不同甚至相互有矛盾,面对薪酬管理制度时,他们的发言权和表决权则是一样的。

　　总经理和顾问在发言的时候,一开始习惯性地面向其他员工,语气也不知不觉从陈述演变成了传达,员工则趋于低调。为此,主持人多次友善提醒,所有的人在发表意见时请面向主持人。在轻松的笑声和些许尴尬后,笔者发现员工们表达意见变得更为主动了。

有一个员工举手提出了这样一个问题:这个会议形成的决定,到底是最终决定,还是"仅供领导参考"?

笔者清楚这个问题的指向,但还是清晰地给出了正面的回答:"肯定不是最终决定,是不是'仅供参考',则要看你们有没有相应的对话机制了。"

不出意料,会场上马上出现了一种"失望"的气氛,"既然不是最终决定,您让我们在这儿表决什么呢?又有什么用啊!"

静待大家平静下来,笔者才解释起来:"这也是一种理解上的错位。为什么你们这里议定的,就得是最终结果?最终的结果应该由所有的利益相关人来共同决定。对于薪酬制度来说,利益相关人既包括员工,也包括企业方,在场的所有人最多只能代表全体员工,即使有总经理在,也并不能代表企业行政方。

薪酬制度这样一个企业的基本制度,恐怕要董事会才可以最终代表企业方。保护你表达诉求、参与决策的权利,并不就等于'你说了算'。按照议事规则做出的决策绝不能去破坏效力更高的契约关系,而薪酬制度正是企业与员工之间契约关系的组成部分。"

笔者接着说:"那么,说了不算,说又有何用呢?还是那句话:坚决主张、积极妥协。采用议事规则形成可以代表全体员工的意见,这个过程本身既帮助企业方清晰了员工的整体意愿,又对企业方形成了压力,员工的整体意愿显然比个别意见更有分量。这个过程对于员工来说,也是一个彼此理解的过程,使得缺少代表性的意见得到表达,得到过滤,或被放弃。"

笔者最后总结道:"可见我们要避免那种'要么不说话,说了就得算'的思维方式,建立'坚决地主张,同时积极地妥协'的健康心态。"

这样的解释取得了比较好的效果。加上议事规则的帮助,员工们逐渐有了积极而理性的态度来参与。

在这样的会议当中,每个人的角色是很容易错位的。按照"人人都是一名员工"来定义自己的角色是对的。可到了发言时,很多人却犹豫起来,总经理就面对面地坐在这里,说一些显得没有"大局观"的话,一些会惹得总经理不开心的话,怕不好吧。这是传统的"等级观念"在作祟。我们说,管理层面为了实现执行效率,不可避免要选择"科层制"的等级在操作执行上。但在寻找解决问题的建设性方案、谋求做成组织最可取的决定上,大家应该有相应机会做积极的贡献。所以针对企业内的"公共问题"方面,大家发表意见时也还是需要有平等的表达机会。

参考书目

1. *Robert's Rules of Order*, Newly Revised, 10th Edition, by Henry M. Robert III, William J.Evans, Daniel H.Honemann, Thomas J.Balch, Perseus Publishing, 2000.

2. *Robert's Rules of Order*, Newly Revised, 11th Edition, by Henry M.Robert III, William J.Evans, Daniel H.Honemann, Thomas J.Balch, Da Capo Press, 2011.

3. *Robert's Rules of Order*, Newly Revised in Brief, Henry M.Roberts III, Daniel H.Honemann & Thomas J.Balch, Da Capo Press, 2011.

4. *Notes and Comments on Robert's Rules*, 4th Edition, Jim Slaughter, Gaut Ragsdale, Jon Ericson, Southern Illinois University Press, 2012.

5. *The Standard Code of Parliamentary Procedure*，4th Edition，Original edition by Alice Sturgis and revised by the American Institute of Parliamentarians，McGraw-Hill，2001.

6. *Robert's Rules For Dummies*，2nd Edition，by C.Alan Jennings PRP，2012.

7. *Rober's Rules*，by Doris P. Zimmerman，Harper Perennial，1997.

8.《罗伯特议事规则》第 11 版，袁天鹏、孙涤译，格致出版社、上海人民出版社 2015 年版。

图书在版编目(CIP)数据

议事规则导引:公司治理的操作型基石/孙涤,郑
荣清著.—2 版.—上海:格致出版社:上海人民出
版社,2015
　ISBN 978－7－5432－2552－7

　Ⅰ.①议…　Ⅱ.①孙…②郑…　Ⅲ.①企业-会议-
组织管理学　Ⅳ.①F272.9

中国版本图书馆 CIP 数据核字(2015)第 227052 号

责任编辑　钱　　敏
美术编辑　路　　静

议事规则导引——公司治理的操作型基石(第二版)

孙涤　郑荣清 著

出　版	世纪出版股份有限公司　格致出版社	印　刷	上海中华印刷有限公司
	世纪出版集团　上海人民出版社	开　本	850×1168　1/32
	(200001　上海福建中路 193 号　www.ewen.co)	印　张	5.75
	编辑部热线　021-63914988	插　页	2
	市场部热线　021-63914081	字　数	74,000
	www.hibooks.cn	版　次	2015 年 10 月第 1 版
		印　次	2015 年 10 月第 1 次印刷
发　行	上海世纪出版股份有限公司发行中心		

ISBN 978－7－5432－2552－7/F·870　　　　　　　　　　定价:25.00 元